COLLECTION

DES AUTEURS CLASSIQUES

FRANÇOIS ET LATINS.

PETIT CARÊME

DE
M. MASSILLON,
ÉVÊQUE DE CLERMONT.

IMPRIMÉ PAR ORDRE DU ROI

POUR L'ÉDUCATION

DE MONSEIGNEUR LE DAUPHIN.

A PARIS,

DE L'IMPRIMERIE DE DIDOT L'AÎNÉ.

M. DCC. LXXXIX.

BREVET

Qui ordonne au sieur Didot l'aîné d'imprimer, pour l'éducation de M. LE DAUPHIN, différentes éditions des auteurs françois et latins.

AUJOURD'HUI, premier avril mil sept cent quatre-vingt-trois, le ROI étant à Versailles, bien informé de la beauté des éditions sorties des presses du sieur Didot l'aîné, et voulant récompenser et encourager les soins qu'il s'est donnés pour perfectionner en France la gravure des caracteres d'imprimerie et la fabrication des papiers, l'a choisi pour faire les éditions des ouvrages destinés à l'éducation de M. LE DAUPHIN; et lui ordonne, en conséquence, d'imprimer sous les formats in-4°, in-8° et in-18, les principaux auteurs nationaux et latins, en commençant par le Télémaque, dont SA MAJESTÉ agrée la dédicace : à la charge par le sieur Didot l'aîné que chacune des éditions qui sortiront de ses presses pour cet objet soit faite avec des caracteres et des papiers fabriqués dans le royaume, et qu'en outre le sieur Didot l'aîné indemnisera, suivant l'estimation, ceux de ses confreres qui pourroient avoir la propriété de l'impression de quelques uns des ouvrages que SA MAJESTÉ desire former partie de la Collection destinée à l'éducation de M. LE DAUPHIN. Mande SA MAJESTÉ au sieur LE NOIR, Lieutenant-général de Police et Commissaire du Conseil pour la Librairie, de tenir la main à ce que le sieur Didot l'aîné n'éprouve pour ce aucuns troubles ni empêchements; et pour assurance de sa volonté, ELLE lui a fait expédier le présent Brevet qu'ELLE a signé de sa main et fait contresigner par moi Conseiller-Secrétaire d'État et de ses Commandements et Finances.

LOUIS.

AMELOT.

OUVRAGES

IMPRIMÉS PAR ORDRE DU ROI

POUR L'ÉDUCATION

DE MONSEIGNEUR LE DAUPHIN,

qui ont paru jusqu'à présent sous le format in-4°.

TÉLÉMAQUE, par M. DE FÉNÉLON, 1 vol. br. en carton, 48 liv.

OEuvres DE RACINE, 3 vol. brochés en carton, 102 liv.

DISCOURS SUR L'HISTOIRE UNIVERSELLE, par M. BOSSUET, 1 vol. broché en carton, 48 liv.

BIBLIORUM SACRORUM VULGATAE VERSIONIS EDITIO, 2 vol. br. en carton, 120 liv.

FABLES DE LA FONTAINE, 1 vol. broché en carton, 48 liv.

PETIT CARÊME de M. MASSILLON, 1 vol. br. en carton, 30 liv.

Ces mêmes ouvrages ont été imprimés sous les formats in-8° et in-18.

Cette édition a été imprimée, au nombre de 200 exemplaires, avec les nouveaux caracteres de la fonderie de DIDOT L'AINÉ, gravés par FIRMIN son second fils, sur du papier vélin de la fabrique de MM. DERVAUD ET FRERES HENRY, d'Angoulême.

TABLE
DES SERMONS.

AVIS DE L'AUTEUR.

Ces Sermons ne sont que des entretiens particuliers, faits pour l'instruction du roi (Louis XV)
avant sa majorité, et pour les personnes de la
cour, qui composoient seules l'auditoire de la cha-
pelle du château des Tuileries, quand ces discours
y furent prononcés.

SERMON
POUR LA FÊTE
DE LA PURIFICATION
DE LA SAINTE VIERGE.

DES EXEMPLES DES GRANDS.

Ecce positus est hic in ruinam et in resurrectionem multorum in Israel.

Celui que vous voyez est établi pour la ruine et pour la résurrection de plusieurs en Israel. (Luc. c. 2, v. 34.)

SIRE,

TELLE est la destinée des rois et des princes de la terre, d'être établis pour la perte comme pour le salut du reste des hommes ; et quand le ciel les donne au monde, on peut dire que ce sont des bienfaits ou des châtiments publics que sa miséricorde ou sa justice prépare aux peuples.

Oui, Sire, en ce jour heureux où vous fûtes donné à la France, et où, porté dans le temple saint, le pontife vous marqua sur les autels du signe sacré de la foi, il fut vrai de dire de vous : Cet enfant auguste vient de naître pour la perte comme pour le salut de plusieurs.

Jésus-Christ lui-même, prenant possession aujourd'hui, dans le temple, de sa nouvelle royauté, n'est pas exempt de cette loi. Il est vrai que ses exemples, ses miracles, et sa doctrine, qui vont assurer le salut à tant de brebis d'Israel, ne deviendront une occasion de chûte et de scandale pour le reste des Juifs, que par l'incrédulité qui les rendra plus inexcusables ; et qu'ainsi le même évangile, qui sera le salut et la rédemption des uns, sera la ruine et la condamnation des autres.

Heureux les princes et les grands, si leur sainteté toute seule étoit, pour les hommes corrompus, une occasion de censure et de scandale ; et si leurs exemples, comme ceux de Jésus-Christ, ne devenoient l'écueil et la condamnation du vice, qu'en le rendant plus inexcusable, en devenant l'appui et le modele de la vertu !

Ainsi, mes freres, vous que la Providence a élevés au-dessus des autres hommes, et vous surtout, Sire, vous que la main de Dieu, protectrice

de cette monarchie, a comme retiré du milieu des
ruines et des débris de la maison royale pour vous
placer sur nos têtes ; vous qu'il a rallumé comme
une étincelle précieuse dans le sein même des
ombres de la mort, où il venoit d'éteindre toute
votre auguste race, et où vous étiez sur le point
de vous éteindre vous-même : oui, SIRE, je le répete, voilà les destinées que le ciel vous prépare :
vous êtes établi pour la perte comme pour le salut
de plusieurs : *positus in ruinam et in resurrectionem
multorum in Israel.*

Les exemples des princes et des grands roulent
sur cette alternative inévitable : ils ne sauroient
ni se perdre ni se sauver tout seuls. Vérité capitale qui va faire le sujet de ce discours.

PREMIERE PARTIE.

SIRE,

COMME le premier penchant des peuples est
d'imiter les rois, le premier devoir des rois est de
donner de saints exemples aux peuples. Les hommes ordinaires ne semblent naître que pour eux
seuls ; leurs vices ou leurs vertus sont obscurs
comme leur destinée : confondus dans la foule,

s'ils tombent ou s'ils demeurent fermes, c'est également à l'insu du public; leur perte ou leur salut se borne à leur personne: ou du moins leur exemple peut bien séduire et détourner quelquefois de la vertu; mais il ne sauroit imposer et autoriser le vice.

Les princes et les grands, au contraire, ne semblent nés que pour les autres. Le même rang qui les donne en spectacle les propose pour modeles; leurs mœurs forment bientôt les mœurs publiques: on suppose que ceux qui méritent nos hommages ne sont pas indignes de notre imitation; la foule n'a point d'autre loi que les exemples de ceux qui commandent; leur vie se reproduit, pour ainsi dire, dans le public; et si leurs vices trouvent des censeurs, c'est d'ordinaire parmi ceux mêmes qui les imitent.

Aussi la même grandeur qui favorise les passions les contraint et les gêne; et, comme dit un ancien, plus l'élévation semble nous donner de licence par l'autorité, plus elle nous en ôte par les bienséances [1].

Mais d'où viennent ces suites inévitables que les exemples des grands ont toujours parmi les peuples? le voici: du côté des peuples, c'est la va-

[1] Ita, in maxima fortuna, minima licentia est. SALLUST.

nité et l'envie de plaire ; du côté des grands, c'est l'étendue et la perpétuité.

Je dis la vanité du côté des peuples. Oui, mes freres, le monde, toujours inexplicable, a de tout temps attaché également de la honte et au vice et à la vertu : il donne du ridicule à l'homme juste ; il perce de mille traits l'homme dissolu : les passions et les œuvres saintes fournissent la même matiere à ses dérisions et à ses censures ; et par une bizarrerie que ses caprices seuls peuvent justifier, il a trouvé le secret de rendre en même temps et le vice méprisable et la vertu ridicule. Or, les exemples de dissolution dans les grands, en autorisant le vice, en ennoblissent la honte et l'ignominie, et lui ôtent ce qu'il a de méprisable aux yeux du public : leurs passions deviennent bientôt dans les autres de nouveaux titres d'honneur, et la vanité seule peut leur former des imitateurs.

Notre nation sur-tout, ou plus vaine, ou plus frivole, comme on l'en accuse, ou, pour parler plus équitablement et lui faire plus d'honneur, plus attachée à ses maîtres et plus respectueuse envers les grands, se fait une gloire de copier leurs mœurs, comme un devoir d'aimer leur personne : on est flatté d'une ressemblance qui, nous rappro-

chant de leur conduite, semble nous rapprocher
de leur rang. Tout devient honorable d'après de
grands modeles ; et souvent l'ostentation toute
seule nous jette dans des excès auxquels l'incli-
nation se refuse. La ville croiroit dégénérer en
ne copiant pas les mœurs de la cour : le citoyen
obscur, en imitant la licence des grands, croit
mettre à ses passions le sceau de la grandeur et de
la noblesse ; et le désordre dont le goût lui-même
se lasse bientôt, la vanité toute seule le perpétue.

Mais, SIRE, d'un autre côté tout reprend sa
place dans un état où les grands, et le prince sur-
tout, adorent le Seigneur. La piété est en honneur
dès qu'elle a de grands exemples pour elle : les
justes ne craignent plus ce ridicule que le monde
jette sur la vertu, et qui est l'écueil de tant d'ames
foibles ; on craint Dieu sans craindre les hommes ;
la vertu n'est plus étrangere à la cour ; le désordre
lui-même n'y va plus la tête levée, il est réduit à
se cacher ou à se couvrir des apparences de la
sagesse ; la licence ne paroit plus revêtue de l'autorité publique ; et si le vice n'y perd rien, le scandale du moins diminue. En un mot, les devoirs
de la religion entrent dans l'ordre public ; ils deviennent une bienséance que le monde lui-même
nous impose : le culte peut encore être méprisé

en secret par l'impie ; mais il est vengé du moins par la majesté et la décence publique. Le temple saint peut encore voir au pied de ses autels des pécheurs et des incrédules ; mais il n'y voit plus de profanateurs : le zele de votre auguste bisaïeul avoit par des loix séveres puni souvent, et toujours flétri de son indignation et de sa disgrace, ce scandale dans son royaume. Il peut se trouver encore des hommes corrompus qui refusent à Dieu leur cœur ; mais ils n'oseroient lui refuser leurs hommages. En un mot, il peut être encore aisé de se perdre ; mais du moins il n'est pas honteux de se sauver.

Or, quand l'exemple des grands ne serviroit qu'à autoriser la vertu, qu'à la rendre respectable sur la terre, qu'à lui ôter ce ridicule impie et insensé que le monde lui donne, qu'à mettre les justes à couvert de la tentation des dérisions et des censures, qu'à établir qu'il n'est pas honteux à l'homme de servir le Dieu qui l'a fait naître et qui le conserve, que le culte qu'on lui rend est le devoir le plus glorieux et le plus honorable à la créature, et que le titre de serviteur du Très-Haut est mille fois plus grand et plus réel que tous les titres vains et pompeux qui entourent le diadéme des souverains ; quand l'exemple des grands n'au-

roit que cet avantage, quel honneur pour la religion, et quelle abondance de bénédictions pour
un empire!

Sire, heureux le peuple qui trouve ses modeles dans ses maîtres, qui peut imiter ceux qu'il
est obligé de respecter, qui apprend dans leurs
exemples à obéir à leurs loix, et qui n'est pas
contraint de détourner ses regards de ceux à qui
il doit des hommages!

Mais quand les exemples des grands ne trouveroient pas dans la vanité seule des peuples une
imitation toujours sûre, l'intérêt et l'envie de
leur plaire leur donneroient autant d'imitateurs
de leurs actions, que leur autorité forme de pré-
tendants à leurs graces.

Le jeune roi Roboam oublie les conseils d'un
pere le plus sage des rois; une jeunesse inconsidérée est bientôt appellée aux premieres places,
et partage ses faveurs en imitant ses désordres.

Les grands veulent être applaudis; et comme
l'imitation est de tous les applaudissements le
plus flatteur et le moins équivoque, on est sûr de
leur plaire dès qu'on s'étudie à leur ressembler:
ils sont ravis de trouver dans leurs imitateurs l'a-
pologie de leurs vices, et ils cherchent avec complaisance dans tout ce qui les environne de quoi
se rassurer contre eux-mêmes.

Ainsi l'ambition, dont les voies sont toujours longues et pénibles, est charmée de se frayer un chemin plus court et plus agréable: le plaisir, d'ordinaire irréconciliable avec la fortune, en devient l'artisan et le ministre: les passions, déja si favorisées par nos penchants, trouvent encore dans l'espoir de la récompense un nouvel attrait qui les anime; tous les motifs se réunissent contre la vertu; et s'il est si mal-aisé de se défendre du vice qui plaît, qu'il est difficile de ne pas s'y livrer, lorsque de plus il nous honore!

Tel est, Sire, le malheur des grands que des passions injustes entraînent. Leur exemple corrompt tous ceux que leur autorité leur soumet: ils répandent leurs mœurs en distribuant leurs graces; tout ce qui dépend d'eux veut vivre comme eux. Sire, n'estimez dans les hommes que l'amour du devoir, et vos bienfaits ne tomberont que sur le mérite: condamnez dans les autres ce que vous ne sauriez vous justifier à vous-même. Les imitateurs des passions des grands insultent à leurs vices en les imitant. Quel malheur, quand le souverain, peu content de se livrer au désordre, semble le consacrer par les graces dont il l'honore dans ceux qui en sont ou les imitateurs ou les honteux ministres! quel opprobre pour un em-

pire! quelle indécence pour la majesté du gouvernement! quel découragement pour une nation,
et pour les sujets habiles et vertueux à qui le vice
enleve les graces destinées à leurs talents et à leurs
services! quel décri et quel avilissement pour le
prince dans l'opinion des cours étrangeres! et de
là quel déluge de maux dans le peuple! les places
occupées par des hommes corrompus; les passions, toujours punies par le mépris, devenues la
voie des honneurs et de la gloire; l'autorité, établie pour maintenir l'ordre et la pudeur des loix,
méritée par les excès qui les violent; les mœurs
corrompues dans leur source; les astres qui devoient marquer nos routes, changés en des feux
errants qui nous égarent; les bienséances même
publiques, dont le vice est toujours jaloux, ren-
voyées comme des usages surannés à l'antique
gravité de nos peres; le désordre débarrassé de
la gêne même des ménagements; la modération
dans le vice devenue presque aussi ridicule que
la vertu.

Mais, SIRE, si la justice et la piété dans les
grands prennent la place des passions et de la
licence, quelle source de bénédictions pour les
peuples! C'est la vertu qui distribue les graces;
c'est elle qui les reçoit: les honneurs vont cher-

cher l'homme sage qui les mérite et qui les fuit, et fuient l'homme vendu à l'iniquité qui court après ; les fonctions publiques ne sont confiées qu'à ceux qui se dévouent au bien public ; le crédit et l'intrigue ne menent à rien ; le mérite et les services n'ont besoin que d'eux-mêmes ; le goût même du souverain ne décide pas de ses largesses, rien ne lui paroît digne de récompense dans ses sujets que les talents utiles à la patrie ; les faveurs annoncent toujours le mérite, ou le suivent de près ; il n'y a de mécontents dans l'état que les hommes oiseux et inutiles ; la paresse et la médiocrité murmurent toutes seules contre la sagesse et l'équité des choix ; les talents se développent par les récompenses qui les attendent ; chacun cherche à se rendre utile au public ; et toute l'habileté de l'ambition se réduit à se rendre digne des places auxquelles on aspire. En un mot, les peuples sont soulagés, les foibles soutenus, les vicieux laissés dans la boue, les justes honorés, Dieu béni dans les grands qui tiennent ici bas sa place ; et si l'envie de leur plaire peut former des hypocrites, outre que le masque tombe tôt ou tard, et que l'hypocrisie se trahit toujours par quelque endroit elle-même, c'est du moins un hommage que le vice rend à la vertu, en s'honorant même de ses apparences.

Voilà du côté des peuples les suites que la vanité et l'envie de plaire attachent toujours aux exemples des grands : de leur côté c'est l'étendue et la perpétuité qui en font comme le signal ou du désordre ou de la vertu parmi les hommes.

SECONDE PARTIE.

Je dis l'étendue, une étendue d'autorité : que de ministres de leurs passions n'enveloppent-ils pas dans leur condamnation et dans leur destinée !

Si un amour outré de la gloire les enivre, tout leur souffle la désolation et la guerre ; et alors, Sire, que de peuples sacrifiés à l'idole de leur orgueil ! que de sang répandu qui crie vengeance contre leur tête ! que de calamités publiques dont ils sont les seuls auteurs ! que de voix plaintives s'élevent au ciel contre des hommes nés pour le malheur des autres hommes ! que de crimes naissent d'un seul crime ! Leurs larmes pourroient-elles jamais laver les campagnes teintes du sang de tant d'innocents ? et leur repentir tout seul peut-il désarmer la colere du ciel, tandis qu'il laisse encore après lui tant de troubles et de malheurs sur la terre ?

Sire, regardez toujours la guerre comme le

plus grand fléau dont Dieu puisse affliger un empire : cherchez à désarmer vos ennemis, plutôt qu'à les vaincre. Dieu ne vous a confié le glaive que pour la sûreté de vos peuples, et non pour le malheur de vos voisins. L'empire sur lequel le ciel vous a établi est assez vaste ; soyez plus jaloux d'en soulager les miseres que d'en étendre les limites ; mettez plutôt votre gloire à réparer les malheurs des guerres passées, qu'à en entreprendre de nouvelles ; rendez votre regne immortel par la félicité de vos peuples plus que par le nombre de vos conquêtes ; ne mesurez pas sur votre puissance la justice de vos entreprises ; et n'oubliez jamais que, dans les guerres les plus justes, les victoires traînent toujours après elles autant de calamités pour un état que les plus sanglantes défaites.

Mais si l'amour du plaisir l'emporte dans les souverains sur la gloire, hélas ! tout sert à leurs passions, tout s'empresse pour en être les ministres, tout en facilite le succès, tout en réveille les desirs, tout prête des armes à la volupté ; des sujets indignes la favorisent ; les adulateurs lui donnent des titres d'honneur ; des auteurs profanes la chantent et l'embellissent ; les arts s'épuisent pour en diversifier les plaisirs ; tous les talents destinés par l'auteur de la nature à servir à l'ordre et à la décoration de la société, ne servent plus qu'à celle du vice; tout devient les ministres et par là les complices de leurs passions injustes. SIRE, qu'on est à plaindre dans la grandeur! les passions, qui s'usent par le temps, s'y perpétuent par les ressources; les dégoûts, toujours inséparables du désordre, y sont réveillés par la diversité des plaisirs; le tumulte seul, et l'agitation qui environne le trône, en bannit les réflexions, et ne laisse jamais un instant le souverain avec lui-même. Les Nathan eux-mêmes, les prophetes du Seigneur, se taisent et s'affoiblissent en l'approchant: tout lui met sans cesse sous l'œil sa gloire; tout lui parle de sa puissance; et personne n'ose lui montrer même de loin ses foiblesses.

A l'étendue de l'autorité ajoutez encore une étendue d'éclat; ce n'est pas à leur nation seule que se borne l'impression et l'effet contagieux de leurs exemples. Les grands sont en spectacle à tout l'univers; leurs actions passent de bouche en bouche, de province en province, de nation en nation: rien n'est privé dans leur vie; tout appartient au public: l'étranger, dans les cours les plus éloignées, a les yeux sur eux comme le citoyen; ils vont se faire des imitateurs jusques dans les

lieux où leur puissance leur forme des ennemis :
le monde entier se sent de leurs vertus ou de leurs
vices ; ils sont, si je l'ose dire, citoyens de l'univers ; au milieu de tous les peuples se passent des
événements qui prennent leur source dans leurs
exemples ; ils sont chargés devant Dieu de la justice ou des iniquités des nations, et leurs vices ou
leurs vertus ont des bornes encore plus étendues
que celles de leur empire.

La France sur-tout, qui depuis long-temps fixe
tous les regards de l'Europe, est encore plus en
spectacle qu'aucune autre nation ; les étrangers y
viennent en foule étudier nos mœurs, et les porter ensuite dans les contrées les plus éloignées :
nous y voyons même les enfants des souverains
s'éloigner des plaisirs et de la magnificence de
leur cour, venir ici comme des hommes privés
substituer à la langue et aux manieres de leur nation la politesse de la nôtre, et, comme le trône a
toujours leurs premiers regards, se former sur la
sagesse et la modération, ou sur l'orgueil et les
excès du prince qui le remplit. SIRE, montrez-
leur un souverain qu'ils puissent imiter ; que vos
vertus et la sagesse de votre gouvernement les
frappent encore plus que votre puissance ; qu'ils
soient encore plus surpris de la justice de votre

regne, que de la magnificence de votre cour : ne leur montrez pas vos richesses, comme ce roi de Juda aux étrangers venus de Babylone ; montrez-leur votre amour pour vos sujets, et leur amour pour vous, qui est le véritable trésor des souverains ; soyez le modele des bons rois ; et en faisant l'admiration des étrangers, vous ferez le bonheur de vos peuples.

Mais ce n'est pas seulement aux hommes de leur siecle que les princes et les grands sont redevables ; leurs exemples ont un caractere de perpétuité qui intéresse tous les siecles à venir.

Les vices ou les vertus des hommes du commun meurent d'ordinaire avec eux ; leur mémoire périt avec leur personne : le jour de la manifestation tout seul révélera leurs actions aux yeux de l'univers ; mais, en attendant, leurs œuvres sont ensevelies, et reposent sous l'obscurité du même tombeau que leurs cendres.

Mais les princes et les grands, Sire, sont de tous les siecles ; leur vie, liée avec les événements publics, passe avec eux d'âge en âge ; leurs passions, ou conservées dans des monuments publics, ou immortalisées dans nos histoires, ou chantées par une poésie lascive, iront encore préparer des pieges à la derniere postérité : le monde

est encore plein d'écrits pernicieux qui ont trans-
mis jusqu'à nous les désordres des cours précédentes : les dissolutions des grands ne meurent
point ; leurs exemples prêcheront encore le vice
ou la vertu à nos plus reculés neveux, et l'histoire
de leurs mœurs aura la même durée que celle de
leur siecle.

Que d'engagements heureux, SIRE, leur état
seul ne forme-t-il pas aux grands et aux rois pour
la piété et pour la justice ! S'ils y trouvent plus
d'attraits pour le vice, que de puissants motifs n'y
trouvent-ils pas aussi pour la vertu ! quelle noble
retenue ne doit pas accompagner des actions qui
seront écrites en caracteres ineffaçables dans le
livre de la postérité ! quelle gloire mieux placée
que de ne point se livrer à des vices et à des passions dont le souvenir souillera l'histoire de tous
les temps et les hommes de tous les siecles ! quelle
émulation plus louable que de laisser des exemples qui deviendront les titres les plus précieux
de la monarchie, et les monuments publics de la
justice et de la vertu ! enfin, quoi de plus grand
que d'être né pour le bonheur même des siecles
à venir, de compter que nos exemples seuls formeront une succession de vertu et de crainte du
Seigneur parmi les hommes, et que de nos cendres

mêmes il en renaîtra d'âge en âge des princes qui nous seront semblables!

Telle est, SIRE, la destinée des bons rois; et tel fut votre auguste bisaïeul, ce grand roi que nous vous proposerons toujours pour modele: hélas! il le sera de tous les rois à venir. N'oubliez jamais ces derniers moments où cet héroïque vieillard, comme aujourd'hui Siméon, vous tenant entre ses bras, vous baignant de ses larmes paternelles, et offrant au Dieu de ses peres ce reste précieux de sa race royale, quitta la vie avec joie, puisque ses yeux voyoient l'enfant miraculeux que Dieu réservoit encore pour être le salut de la nation et la gloire d'Israel.

SIRE, ne perdez jamais de vue ce grand spectacle, ce pere des rois mourant, et voyant revivre en vous seul l'espérance de toute sa postérité éteinte; recommandant votre enfance à la tendre et respectable dépositaire [1] de votre premiere éducation, laquelle, en formant vos premieres inclinations, et, pour ainsi dire, vos premieres paroles, fut sur le point de recueillir vos derniers soupirs; confiant le sacré dépôt de votre personne au pieux prince [2] qui vous inspire des sentiments dignes de

(1) Madame la duchesse de Ventadour.
(2) Le duc du Maine.

votre sang; à l'illustre maréchal[1] qui a reçu comme
une vertu héréditaire la science d'élever les rois,
et qui, devenu un des premiers sujets de l'état,
vous apprendra à devenir le plus grand roi de
votre siecle; au prélat fidele[2] qui, après avoir gouverné sagement l'église, lui formera en vous son
plus zélé protecteur; enfin, à toute la nation, dont
vous êtes en même temps et le précieux pupille et
le pere.

Puissiez-vous, SIRE, n'effacer jamais de votre
souvenir les maximes de sagesse que ce grand
prince vous laissa dans ces derniers moments
comme un héritage plus précieux que sa couronne!

Il vous exhorta à soulager vos peuples; soyez-
en le pere, et vous en serez doublement le maître.

Il vous inspira l'horreur de la guerre, et vous
exhorta de ne pas suivre là-dessus son exemple:
soyez un prince pacifique; les conquêtes les plus
glorieuses sont celles qui nous gagnent les cœurs.

Il vous avertit de craindre le Seigneur: mar-
chez devant lui dans l'innocence; vous ne régnerez heureusement qu'autant que vous régnerez
saintement.

(1) Le maréchal de Villeroi.
(2) L'ancien évêque de Fréjus.

Sire, que les dernieres paroles de ce grand roi, de ce patriarche de votre famille royale, soient, comme celles du patriarche Jacob mourant, les prédictions de ce qui doit arriver un jour à sa race ! et puissent ses dernieres instructions devenir la prophétie de votre regne! Ainsi soit-il.

SERMON

POUR LE PREMIER DIMANCHE

DE CARÊME.

SUR LES TENTATIONS DES GRANDS.

Jesus ductus est in desertum a spiritu, ut tentaretur a diabolo.

Jésus fut conduit par l'esprit dans le désert, pour y être tenté par le diable. (Matth. c. 4, v. 1.)

SIRE,

Les signes éclatants qui avoient accompagné la naissance et les commencements de la vie de Jésus-Christ ne permettoient pas au démon d'ignorer que le Très-Haut ne le destinât à de grandes choses.

Plus il entrevoit les premieres lueurs de sa grandeur future, plus il se hâte de lui dresser des pieges. Sa descendance des rois de Juda, son droit à la couronne de ses ancêtres, les prophéties qui annonçoient que, dans les derniers temps, Dieu susciteroit de la race de David le prince de la paix et le libérateur de son peuple, tout ce qui annonce la grandeur de Jésus-Christ arme la malice du tentateur contre son innocence.

Les grands, Sire, sont les premiers objets de sa fureur : plus exposés que les autres hommes à ses séductions et à ses pieges, il commence de bonne heure à leur en préparer ; et comme leur chûte lui répond de celle de tous ceux presque qui dépendent d'eux, il rassemble tous ses traits pour les perdre.

« Changez ces pierres en pain [1] », dit-il à Jésus-Christ. Il l'attaque d'abord par le plaisir ; et c'est le premier piege qu'il dresse à leur innocence.

« Puisque vous êtes Fils de Dieu (ajoute-t-il), « il enverra ses anges pour vous garder [2] ». Il continue par l'adulation ; et c'est un trait encore plus dangereux dont il empoisonne leur ame.

Enfin, « je vous donnerai les royaumes du « monde, et toute leur gloire [3] ». Il finit par l'am-

(1) Matth. c. 4, v. 3.   (2) Ibid. v. 6.   (3) Ibid. v. 8.

bition ; et c'est la derniere et la plus sûre ressource qu'il emploie pour triompher de leur foiblesse.

Ainsi le plaisir commence à leur corrompre le cœur ; l'adulation l'affermit dans l'égarement et lui ferme toutes les voies de la vérité ; l'ambition consomme l'aveuglement, et acheve de creuser le précipice. Exposons ces vérités importantes, après avoir imploré, etc.   AVE, MARIA.

PREMIERE PARTIE.

SIRE,

LE premier écueil de notre innocence, c'est le plaisir. Les autres passions, plus tardives, ne se développent et ne mûrissent, pour ainsi dire, qu'avec la raison : celle-ci la prévient, et nous nous trouvons corrompus avant presque d'avoir pu connoître ce que nous sommes : ce penchant infortuné, qui souille tout le cours de la vie des hommes, prend toujours sa source dans les premieres mœurs ; c'est le premier trait empoisonné qui blesse l'ame ; c'est lui qui efface sa premiere beauté, et c'est de lui que coulent ensuite tous ses autres vices.

Mais ce premier écueil de la vie humaine devient comme l'écueil privilégié de la vie des grands. Dans les autres hommes, cette passion déplorable n'exerce jamais qu'à demi son empire; les obstacles la traversent, la crainte des discours publics la retient, l'amour de la fortune la partage.

Dans les princes et dans les grands, ou elle ne trouve point d'obstacles, ou les obstacles eux-mêmes, facilement écartés, l'enflamment et l'irritent. Hélas! quels obstacles a jamais trouvés là-dessus la volonté de ceux qui tiennent en leurs mains la fortune publique? les occasions préviennent presque leurs desirs; leurs regards, si j'ose parler ainsi, trouvent par-tout des crimes qui les attendent; l'indécence du siecle et l'avilissement des cours honorent même d'éloges publics les attraits qui réussissent à les séduire : on rend des hommages indignes à l'effronterie la plus honteuse; un bonheur si honteux est regardé avec envie, au lieu de l'être avec exécration ; et l'adulation publique couvre l'infamie du crime public. Non, SIRE, les princes, dès qu'ils se livrent au vice, ne connoissent plus d'autre frein que leur volonté, et leurs passions ne trouvent pas plus de résistance que leurs ordres.

David veut jouir de son crime : l'élite de son

armée est bientôt sacrifiée ; et par-là périt le seul
témoin incommode à son incontinence. Rien ne
coûte et rien ne s'oppose aux passions des grands :
ainsi la facilité des passions en devient un nouvel
attrait ; devant eux toutes les voies du crime s'ap-
planissent, et tout ce qui plaît est bientôt possible.

La crainte du public est un autre frein pour la
licence du commun des hommes. Quelque corrompues que soient nos mœurs, le vice n'a pas
encore perdu parmi nous toute sa honte ; il reste
encore une sorte de pudeur publique qui nous
force à le cacher : et le monde lui-même, qui semble s'en faire honneur, lui attache pourtant encore une espece de flétrissure et d'opprobre ; il
favorise les passions, et il impose pourtant des
bienséances qui les gênent ; il fait des leçons publiques du vice et de la volupté, et il exige pourtant le secret et une sorte de ménagement de ceux
qui s'y livrent.

Mais les princes et les grands ont secoué ce
joug : ils ne font pas assez de cas des hommes
pour redouter leurs censures ; les hommages publics qu'on leur rend les rassurent sur le mépris
secret qu'on a pour eux ; ils ne craignent pas un
public qui les craint et qui les respecte ; et, à la

honte du siecle, ils se flattent avec raison qu'on
a pour leurs passions les mêmes égards que pour
leur personne. La distance qu'il y a d'eux au peuple le leur montre dans un point de vue si éloigné,
qu'ils le regardent comme s'il n'étoit pas : ils méprisent des traits partis de si loin, et qui ne sauroient venir jusqu'à eux ; et presque toujours devenus les seuls objets de la censure publique, ils
sont les seuls qui l'ignorent.

Ainsi plus on est grand, SIRE, plus on est redevable au public. L'élévation, qui blesse déja
l'orgueil de ceux qui nous sont soumis, les rend
des censeurs plus séveres et plus éclairés de nos
vices ; il semble qu'ils veulent regagner par les
censures ce qu'ils perdent par la soumission ; ils
se vengent de la servitude par la liberté des discours. Non, SIRE, les grands se croient tout permis, et on ne pardonne rien aux grands ; ils vivent
comme s'ils n'avoient point de spectateurs, et cependant ils sont tout seuls comme le spectacle
éternel du reste de la terre.

Enfin, l'ambition et l'amour de la fortune dans
les autres hommes partage l'amour du plaisir ; les
soins qu'elle exige sont autant de moments déro-
bés à la volupté ; le desir de parvenir suspend du
moins des passions qui, de tout temps, en ont été

l'obstacle : on ne sauroit allier les mouvements sages et mesurés de l'ambition avec le loisir, l'oisiveté, et presque toujours le dérangement et les extravagances du vice : en un mot, la débauche a toujours été l'écueil inévitable de l'élévation ; et jusques ici les plaisirs ont arrêté bien des espérances de fortune, et l'ont rarement avancée.

Mais les princes et les grands, qui n'ont plus rien à desirer du côté de la fortune, n'y trouvent rien aussi qui gêne leurs plaisirs : la naissance leur a tout donné ; ils n'ont plus qu'à jouir, pour ainsi dire, d'eux-mêmes : leurs ancêtres ont travaillé pour eux ; le plaisir devient l'unique soin qui les occupe : ils se reposent de leur élévation sur leur titres ; tout le reste est pour les passions.

Aussi les enfants des hommes illustres sont d'ordinaire les successeurs du rang et des honneurs de leurs peres, et ne le sont pas de leur gloire et de leurs vertus : l'élévation dont la naissance les met en possession, les empêche toute seule de s'en rendre dignes : héritiers d'un grand nom, il leur paroît inutile de s'en faire un à eux-mêmes ; ils goûtent les fruits d'une gloire dont ils n'ont pas goûté l'amertume : le sang et les travaux de leurs ancêtres deviennent le titre de leur mollesse et de leur oisiveté : la nature a tout fait pour eux, elle ne laisse plus rien à faire au mérite; et souvent l'époque glorieuse de l'élévation d'une race devient un moment après elle-même, sous un indigne héritier, le signal de sa décadence et de son opprobre: les exemples là-dessus sont de toutes les nations et de tous les siecles.

Salomon avoit porté la gloire de son nom jusqu'aux extrémités de la terre; l'éclat et la magnificence de son regne avoit surpassé celle de tous les rois d'Orient: un fils insensé devient le jouet de ses propres sujets, et voit dix tribus se choisir un nouveau maître. Les enfants de la gloire et de la magnificence sont rarement les enfants de la sagesse et de la vertu; et il est presque plus rare de soutenir la gloire et les honneurs auxquels on succede, que de les acquérir soi-même.

SECONDE PARTIE.

LE plaisir est donc le premier écueil des grands, et c'est par-là que le tentateur commence à les séduire; il continue par l'adulation. Le plaisir corrompt le cœur par le vice; l'adulation acheve de le fermer à la vertu. Les attraits qui environnent le trône soufflent de toutes parts la volupté; l'adulation la justifie. Le désordre laisse toujours au fond de l'ame le ver dévorant; mais le flatteur

traite le remords de foiblesse, enhardit la timidité
du crime, et lui ôte la seule ressource qui pouvoit
le ramener à la pudeur de l'ordre et de la raison.

SIRE, quel fléau pour les grands, que ces hommes nés pour applaudir à leurs passions, ou pour
dresser des pieges à leur innocence! quel malheur
pour les peuples, quand les princes et les puissants se livrent à ces ennemis de leur gloire, parcequ'ils le sont de la sagesse et de la vérité! Les fléaux
des guerres et des stérilités sont des fléaux passagers; et des temps plus heureux ramenent bientôt la paix et l'abondance: les peuples en sont affligés; mais la sagesse du gouvernement leur laisse
espérer des ressources. Le fléau de l'adulation ne
permet plus d'en attendre; c'est une calamité
pour l'état, qui en promet toujours de nouvelles:
l'oppression des peuples déguisée au souverain
ne leur annonce que des charges plus onéreuses;
les gémissements les plus touchants que forme la
misere publique, passent bientôt pour des mur-
mures; les remontrances les plus justes et les plus
respectueuses, l'adulation les travestit en une témérité punissable; et l'impossibilité d'obéir n'a
plus d'autre nom que la rebellion et la mauvaise
volonté qui refuse. Que le Seigneur¹, disoit au-

____
(1) Ps. 11, v. 4.

trefois un saint roi, confonde ces langues trompeuses et ces levres faussés qui cherchent à nous perdre, parcequ'elles ne s'étudient qu'à nous plaire!

SIRE, défiez-vous de ceux qui, pour autoriser les profusions immenses des rois, leur grossissent sans cesse l'opulence de leurs peuples. Vous succédez à une monarchie florissante, il est vrai, mais que les pertes passées ont accablée : le zele de vos sujets est inépuisable ; mais ne mesurez pas là-dessus les droits que vous avez sur eux : leurs forces ne répondront de long-temps à leur zele ; les nécessités de l'état les ont épuisés ; laissez-les respirer de leur accablement : vous augmenterez vos ressources en augmentant leur tendresse. Écoutez les conseils des sages et des vieillards auxquels votre enfance est confiée, et qui présiderent aux conseils de votre auguste bisaïeul ; et souvenez-vous de ce jeune roi de Juda dont je vous ai déja cité l'exemple, qui, pour avoir préféré les avis d'une jeunesse inconsidérée à la sagesse et à la maturité de ceux aux conseils desquels Salomon son pere étoit redevable de la gloire et de la prospérité de son regne, et qui lui conseilloient d'affermir les commencements du sien par le soulagement de ses peuples, vit un nouveau royaume se former des débris de celui de Juda ; et pour avoir voulu exiger de ses sujets au-delà de ce qu'ils lui devoient, il perdit leur amour et leur fidélité qui lui étoit due. Les conseils agréables sont rarement des conseils utiles ; et ce qui flatte les souverains fait d'ordinaire le malheur des sujets.

Oui, Sire, par l'adulation les vices des grands se fortifient ; leurs vertus mêmes se corrompent. Leurs vices se fortifient : et quelle ressource peut-il rester à des passions qui ne trouvent autour d'elles que des éloges ? Hélas ! comment pourrions-nous haïr et corriger ceux de nos défauts que l'on loue, puisque ceux mêmes qu'on censure trouvent encore au-dedans de nous, non seulement des penchants, mais des raisons même qui les défendent ? Nous nous faisons à nous-mêmes l'apologie de nos vices : l'illusion peut-elle se dissiper, lorsque tout ce qui nous environne nous les donne pour des vertus ?

Leurs vertus mêmes se corrompent ; c'est l'expérience de tous les siecles, disoit Assuérus : les suggestions flatteuses des méchants ont toujours perverti les inclinations louables des meilleurs princes, et les plus anciennes histoires nous en fournissent des exemples : *et ex veteribus proba-*

tur historiis... quomodò malis quorumdam sugges-
tionibus regum studia depraventur ¹. C'étoit un roi
infidele qui fait cet aveu public à ses sujets : les
conseils spécieux et iniques d'un flatteur alloient
souiller toute la gloire de son empire ; la fidélité
du seul Mardochée arrêta le bras prêt à tomber
sur les innocents. Un seul sujet fidele décide souvent de la félicité d'un regne et de la gloire du
souverain ; et il ne faut aussi qu'un seul adulateur
pour flétrir toute la gloire du prince et faire tout
le malheur d'un empire.

En effet, l'adulation enfante l'orgueil, et l'orgueil est toujours l'écueil fatal de toutes les vertus. L'adulateur, en prêtant aux grands les qualités louables qui leur manquent, leur fait perdre
celles mêmes que la nature leur avoit données ;
il change en sources de vice des penchants qui
étoient en eux des espérances de vertu : le courage dégénere en présomption ; la majesté qu'inspire la naissance, qui sied si bien au souverain,
n'est plus qu'une vaine fierté qui l'avilit et le dégrade ; l'amour de la gloire, qui coule en eux avec
le sang des rois leurs ancêtres, devient une vanité
insensée, qui voudroit voir l'univers entier à leurs
pieds, qui cherche à combattre seulement pour

(1) Esth. c. 16, v. 7.

avoir l'honneur frivole de vaincre, et qui, loin de
domter leurs ennemis, leur en fait de nouveaux,
et arme contre eux leurs voisins et leurs alliés :
l'humanité, si aimable dans l'élévation, et qui est
comme le premier sentiment qu'on verse dès l'enfance dans l'ame des rois, se bornant à des largesses outrées et à une familiarité sans réserve
pour un petit nombre de favoris, ne leur laisse
plus qu'une dure insensibilité pour les miseres
publiques : les devoirs mêmes de la religion, dont
ils sont les premiers protecteurs, et qui avoient
fait la plus sérieuse occupation de leur premier
âge, ne leur paroissent plus bientôt que les amu-
semens puérils de l'enfance. Non, Sire, les
princes naissent d'ordinaire vertueux, et avec des
inclinations dignes de leur sang : la naissance
nous les donne tels qu'ils devroient être; l'adulation toute seule les fait tels qu'ils sont.

Gâtés par les louanges, on n'oseroit plus leur
parler le langage de la vérité : eux seuls ignorent
dans leur état ce qu'eux seuls devroient connoître;
ils envoient des ministres pour être informés de
ce qui se passe de plus secret dans les cours et
dans les royaumes les plus éloignés, et personne
n'oseroit leur apprendre ce qui se passe dans leur
royaume propre; les discours flatteurs assiegent

leur trône, s'emparent de toutes les avenues, et ne laissent plus d'accès à la vérité. Ainsi le souverain est seul étranger au milieu de ses peuples ; il croit manier les ressorts les plus secrets de l'empire, et il en ignore les événements les plus publics : on lui cache ses pertes, on lui grossit ses avantages, on lui diminue les miseres publiques ; on le joue à force de le respecter : il ne voit plus rien tel qu'il est ; tout lui paroit tel qu'il le souhaite.

Telles sont les tristes suites de l'adulation. Cependant, SIRE, c'est là le vice le plus commun des cours, et l'écueil des meilleurs princes. A peine le jeune roi Joas eut-il perdu le fidele pontife Joïada, ce sage tuteur de son enfance, et le seul homme par qui la vérité alloit encore jusqu'au pied de son trône, que, séduit par les flatteries des courtisans, dit l'Écriture, il se livra à leurs mauvais conseils et à ses propres foiblesses : *delinitus obsequiis eorum, acquievit eis*[1].

C'est l'adulation qui fait d'un bon prince un prince né pour le malheur de son peuple ; c'est elle qui fait du sceptre un joug accablant, et qui, à force de louer les foiblesses des rois, rend leurs vertus mêmes méprisables.

[1] 2 Paral. c. 24, v. 17.

Oui, Sire, quiconque flatte ses maîtres, les trahit ; la perfidie qui les trompe est aussi criminelle que celle qui les détrône : la vérité est le premier hommage qu'on leur doit : il n'y a pas loin de la mauvaise foi du flatteur à celle du rebelle : on ne tient plus à l'honneur et au devoir dès qu'on ne tient plus à la vérité, qui seule honore l'homme, et qui est la base de tous les devoirs. La même infamie qui punit la perfidie et la révolte devroit être destinée à l'adulation : la sûreté publique doit suppléer aux loix, qui ont omis de la compter parmi les grands crimes auxquels elles décernent des supplices ; car il est aussi criminel d'attenter à la bonne foi des princes qu'à leur personne sacrée ; de manquer à leur égard de vérité, que de manquer de fidélité ; puisque l'ennemi qui veut nous perdre est encore moins à craindre que l'adulateur qui ne cherche qu'à nous plaire.

Mais l'adulation la plus dangereuse est dans la bouche de ceux qui, par la sainteté de leur caractere, sont établis les ministres de la vérité. Allez, dit le Seigneur à l'esprit de mensonge ; entrez dans la bouche des prophetes du roi Achab ; vous réussirez, vous le tromperez, et sa séduction est inévitable : *decipies, et prævalebis*[1]. Hélas !

(1) 3 Reg. c. 22, v. 22.

si l'adulation a tant de charmes lors même que
les vices et les dissolutions du flatteur en affoiblissent l'autorité et la rendent suspecte, quelle
séduction ne forme-t-elle point lorsqu'elle est
consacrée par les apparences mêmes de la vertu!
Quel avilissement pour nous, si nous faisons du
ministere même de la vérité un ministere d'adulation et de mensonge; si, dans ces chaires mêmes
destinées à instruire et à corriger les grands, nous
leur donnons de fausses louanges qui achevent
de les séduire; si le seul canal par où la vérité
peut encore aller jusqu'à eux, n'y porte qu'une
lueur trompeuse qui leur aide à se méconnoître;
si nous empruntons le langage flatteur et rampant des cours, en venant leur annoncer la parole
généreuse et sublime du Seigneur; et si, loin
d'être ici les maîtres et les docteurs des rois, nous
ne sommes que les vils esclaves de la vanité et de
la fortune! Mais quel malheur pour les grands
de trouver d'indignes apologistes de leurs vices
parmi ceux qui en auroient dû être les censeurs,
d'entendre autour de leur trône les ministres et les
interpretes de la religion parler comme le courtisan, et de trouver des adulateurs où ils auroient
dû trouver des Ambroises!

O vous, SIRE, que Dieu a établi pour com-

mander aux hommes , n'aimez dans les hommes
que la vérité ; elle seule les rend aimables : fermez
l'oreille aux discours qui vous flattent ; le flatteur
hait votre personne , il n'aime que vos faveurs :
écoutez les louanges qui nous prêtent de fausses
vertus, comme des reproches publics de nos vices
véritables : souvenez-vous que l'amour des peuples est l'éloge le moins suspect du souverain :
les bons et les mauvais princes ont été également
loués pendant leur vie ; il semble même que les
basses flatteries ont été encore plus prodiguées à
ces derniers : la haine publique se cache d'ordinaire sous l'adulation. Sire , rendez-vous digne
d'être loué , et vous mépriserez les louanges.

TROISIEME PARTIE.

L'adulation ferme donc le cœur à la vérité ;
mais l'ambition est bientôt le triste fruit de l'aveuglement où jette l'adulation , et achève de creuser
le précipice ; c'est le dernier piege que le démon
tend aujourd'hui à Jésus-Christ : « Je vous don-
« nerai les royaumes du monde et toute leur
« gloire. »

Oui , Sire , c'est l'adulation qui mene toujours les grands à la gloire insensée et mal entendue de l'ambition ; et ce desir insensé de gloire ,

où ne mène-t-il point un cœur qui s'y livre !

Cette passion infortunée rend d'abord malheureux l'ambitieux qu'elle possede ; elle l'avilit ensuite, et le dégrade ; enfin, elle le conduit à une fausse gloire par des moyens injustes qui lui font perdre la gloire véritable : tels sont les caracteres honteux de l'ambition, de ce vice dont le monde honore ses héros, et dont ils s'honorent si fort eux-mêmes.

Ce n'est pas que je prétende autoriser dans les grands, non plus que dans le reste des hommes, une vie molle et obscure, des sentiments bas et timides, et, sous prétexte de blâmer l'ambition, consacrer l'oisiveté et l'indolence.

Je sais qu'il y a une noble émulation qui mene à la gloire par le devoir ; la naissance nous l'inspire, et la religion l'autorise ; c'est elle qui donne aux empires des citoyens illustres, des ministres sages et laborieux, de vaillants généraux, des auteurs célebres, des princes dignes des louanges de la postérité. La piété véritable n'est pas une profession de pusillanimité et de paresse : la religion n'abat et n'amollit point le cœur ; elle l'ennoblit et l'éleve ; elle seule sait former de grands hommes, on est toujours petit quand on n'est grand que par la vanité : ainsi la mollesse et l'oisiveté

blessent également les regles de la piété et les
devoirs de la vie civile, et le citoyen inutile n'est
pas moins proscrit par l'évangile que par la société.

Mais l'ambition, ce desir insatiable de s'élever
au-dessus et sur les ruines mêmes des autres, ce
ver qui pique le cœur et ne le laisse jamais tranquille, cette passion qui est le grand ressort des
intrigues et de toutes les agitations des cours, qui
forme les révolutions des états, et qui donne tous
les jours à l'univers de nouveaux spectacles; cette
passion, qui ose tout, et à laquelle rien ne coûte,
est un vice encore plus pernicieux aux empires
que la paresse même.

Déjà il rend malheureux celui qui en est pos-
sédé : l'ambitieux ne jouit de rien ; ni de sa gloire,
il la trouve obscure ; ni de ses places, il veut monter plus haut ; ni de sa prospérité, il seche et dé-
périt au milieu de son abondance ; ni des hommages qu'on lui rend, ils sont empoisonnés par
ceux qu'il est obligé de rendre lui-même ; ni de sa
faveur, elle devient amere dès qu'il faut la partager avec ses concurrents ; ni de son repos, il est
malheureux à mesure qu'il est obligé d'être plus
tranquille : c'est un Aman, l'objet souvent des desirs et de l'envie publique, et qu'un seul honneur

refusé à son excessive autorité rend insupportable à lui-même.

L'ambition le rend donc malheureux ; mais, de plus, elle l'avilit et le dégrade. Que de bassesses pour parvenir ! il faut paroître, non pas tel qu'on est, mais tel qu'on nous souhaite. Bassesse d'adulation, on encense et on adore l'idole qu'on méprise ; bassesse de lâcheté, il faut savoir essuyer des dégoûts, dévorer des rebuts, et les recevoir presque comme des graces ; bassesse de dissimulation, point de sentiments à soi, et ne penser que d'après les autres ; bassesse de déréglement, devenir les complices et peut-être les ministres des passions de ceux de qui nous dépendons, et entrer en part de leurs désordres pour participer plus sûrement à leurs graces ; enfin, bassesse même d'hypocrisie, emprunter quelquefois les apparences de la piété, jouer l'homme de bien pour parvenir, et faire servir à l'ambition la religion même qui la condamne. Ce n'est point là une peinture imaginée ; ce sont les mœurs des cours, et l'histoire de la plupart de ceux qui y vivent.

Qu'on nous dise après cela que c'est le vice des grandes ames : c'est le caractere d'un cœur lâche et rampant ; c'est le trait le plus marqué d'une ame vile. Le devoir tout seul peut nous mener à la gloire : celle qu'on doit aux bassesses et aux intrigues de l'ambition porte toujours avec elle un caractere de honte qui nous déshonore ; elle ne promet les royaumes du monde et toute leur gloire qu'à ceux qui se prosternent devant l'iniquité, et qui se dégradent honteusement eux-mêmes : *si cadens adoraveris me* [1]. On reproche toujours vos bassesses à votre élévation ; vos places rappellent sans cesse les avilissements qui les ont méritées ; et les titres de vos honneurs et de vos dignités deviennent eux-mêmes les traits publics de votre ignominie. Mais, dans l'esprit de l'ambitieux, le succès couvre la honte des moyens : il veut parvenir, et tout ce qui le mene là est la seule gloire qu'il cherche ; il regarde ces vertus romaines, qui ne veulent rien devoir qu'à la probité, à l'honneur et aux services, comme des vertus de roman et de théâtre, et croit que l'élévation des sentiments pouvoit faire autrefois les héros de la gloire, mais que c'est la bassesse et l'avilissement qui fait aujourd'hui ceux de la fortune.

Aussi l'injustice de cette passion en est un dernier trait encore plus odieux que ses inquiétudes et sa honte. Oui, mes freres, un ambitieux ne connoit de loi que celle qui le favorise ; le crime

(1) Matth. c. 4, v. 9.

6

qui l'éleve est pour lui comme une vertu qui l'ennoblit. Ami infidele, l'amitié n'est plus rien pour lui dès qu'elle intéresse sa fortune : mauvais citoyen, la vérité ne lui paroît estimable qu'autant qu'elle lui est utile : le mérite qui entre en concurrence avec lui est un ennemi auquel il ne pardonne point : l'intérêt public cede toujours à son intérêt propre ; il éloigne des sujets capables, et se substitue à leur place ; il sacrifie à ses jalousies le salut de l'état ; et il verroit avec moins de regret les affaires publiques périr entre ses mains, que sauvées par les soins et par les lumieres d'un autre.

Telle est l'ambition dans la plupart des hommes ; inquiete, honteuse, injuste. Mais, SIRE, si ce poison gagne et infecte le cœur du prince ; si le souverain, oubliant qu'il est le protecteur de la tranquillité publique, préfere sa propre gloire à l'amour et au salut de ses peuples ; s'il aime mieux conquérir des provinces que régner sur les cœurs ; s'il lui paroît plus glorieux d'être le destructeur de ses voisins que le pere de son peuple ; si le deuil et la désolation de ses sujets est le seul chant de joie qui accompagne ses victoires ; s'il fait servir à lui seul une puissance qui ne lui est donnée que pour rendre heureux ceux qu'il gouverne ; en un mot, s'il n'est roi que pour le malheur des hommes, et que, comme ce roi de Babylone, il ne veuille élever la statue impie, l'idole de sa grandeur, que sur les larmes et les débris des peuples et des nations : grand Dieu ! quel fléau pour la terre ! quel présent faites-vous aux hommes dans votre colere en leur donnant un tel maître !

Sa gloire, SIRE, sera toujours souillée de sang : quelque insensé chantera peut-être ses victoires ; mais les provinces, les villes, les campagnes en pleureront : on lui dressera des monuments superbes pour immortaliser ses conquêtes ; mais les cendres encore fumantes de tant de villes autrefois florissantes, mais la désolation de tant de campagnes dépouillées de leur ancienne beauté, mais les ruines de tant de murs sous lesquelles des citoyens paisibles ont été ensevelis, mais tant de calamités qui subsisteront après lui, seront des monuments lugubres qui immortaliseront sa vanité et sa folie. Il aura passé comme un torrent pour ravager la terre, et non comme un fleuve majestueux pour y porter la joie et l'abondance : son nom sera écrit dans les annales de la postérité parmi les conquérants, mais il ne le sera pas parmi les bons rois ; et l'on ne rappellera l'histoire de son regne que pour rappeler le souvenir des

manx qu'il a faits aux hommes. Ainsi son orgueil [1],
dit l'esprit de Dieu, sera monté jusqu'au ciel; sa
tête aura touché dans les nuées; ses succès auront
égalé ses desirs; et tout cet amas de gloire ne sera
plus à la fin qu'un monceau de boue qui ne lais-
sera après elle que l'infection et l'opprobre.

Grand Dieu! vous qui êtes le protecteur de
l'enfance des rois, et sur-tout des rois pupilles,
éloignez tous ces pieges de l'enfant précieux que
vous nous avez laissé dans votre miséricorde. Il
peut vous dire, comme autrefois un roi selon
votre cœur: « Mon pere et ma mere m'ont aban-
« donné [2] ». A peine avois-je les yeux ouverts à la
lumiere, qu'une mort prématurée les ferma en
même temps à Adélaïde qui m'avoit porté dans
son sein, et dont les traits aimables et majestueux
sont encore peints sur mon visage; et au prince
pieux de qui je tiens la vie, et dont les sentiments
religieux seront toujours gravés dans mon cœur:
pater meus et mater mea dereliquerunt me. Mais
vous, Seigneur, qui êtes le Pere des rois et le Dieu
de mes peres, vous m'avez pris sous votre protec-

[1] Si ascenderit usque ad cœlum superbia ejus, et caput ejus
nubes tetigerit; quasi sterquilinium in fine perdetur. (Job, c. 20,
v. 6, 7.)

[2] Ps. 26, v. 10.

tion et mis à couvert sous l'ombre de vos ailes et de votre bonté paternelle : *Dominus autem assumpsit me* [1].

Grand Dieu ! gardez donc son innocence comme un trésor encore plus estimable que sa couronne ; faites-la croître avec son âge ; prenez son cœur entre vos mains, et que le feu impur de la volupté ne profane jamais un sanctuaire que vous vous êtes réservé depuis tant de siecles : *custodi innocentiam* [2].

Voyez ces semences de droiture et de vérité que vous avez jetées dans son ame ; cet esprit de justice et d'équité qui se développe de jour en jour, et qui paroit être né avec lui ; cette aversion naissante pour les artifices et les fausses louanges du flatteur ; et ne permettez pas que l'adulation corrompe jamais ces présages heureux de notre félicité future : *et vide œquitatem* [3].

Qu'il regne pour notre bonheur, et il régnera pour sa gloire. Que son unique ambition soit de rendre ses sujets heureux ; que son titre le plus chéri soit celui de roi bienfaisant et pacifique : il ne sera grand qu'autant qu'il sera cher à son peuple. Qu'il soit le modele de tous les bons rois, et que ce prince pacifique puisse laisser encore

(1) Ps. 26, v. 10.   (2) Ps. 36, v. 37.   (3) Ibid.

après lui des princes qui lui ressemblent : *quoniam sunt reliquiæ homini pacifico*[1]. Recevez ces vœux, ô mon Dieu! et qu'ils soient pour nous les gages de la tranquillité de la vie présente, et l'espérance de la future!   Ainsi soit-il.

(1) Ps. 36, v. 37.

SERMON

POUR LE SECOND DIMANCHE

DE CARÊME.

SUR LE RESPECT QUE LES GRANDS DOIVENT A LA RELIGION.

Et ecce apparuerunt illis Moyses et Elias cum Jesu loquentes.

En même temps ils virent paroltre Moïse et Élie, qui s'entretenoient avec Jésus. (Matth. c. 17, v. 3.)

SIRE,

Ce sont les deux plus grands hommes qui eussent encore paru sur la terre qui viennent aujourd'hui sur la montagne sainte rendre hommage à la gloire et à la grandeur de Jésus-Christ :

Moïse, ce dieu de Pharaon, ce législateur des peuples, ce vainqueur des rois, ce maître de la nature, et plus grand encore par le titre de serviteur fidele de la maison du Seigneur:

Élie, cet homme miraculeux, la terreur des princes impies, qui pouvoit faire descendre le feu du ciel, ou s'y élever lui-même sur un char de gloire et de lumiere, et plus célebre encore par le zele saint qui le dévoroit que par toutes les merveilles qui accompagnerent sa vie.

Cependant l'un et l'autre n'avoient été grands que parcequ'ils avoient été les images de Jésus-Christ. Ils viennent donc adorer celui qu'ils avoient figuré, et rendre à ce divin original la puissance et la gloire qui appartiennent à lui seul, et dont ils n'avoient été eux-mêmes que comme les précurseurs et les dépositaires.

Telle est, SIRE, la destinée des princes et des grands de la terre. Ils ne sont grands que parcequ'ils sont les images de la gloire du Seigneur et les dépositaires de sa puissance. Ils doivent donc soutenir les intérêts de Dieu, dont ils représentent la majesté, et respecter la religion, qui seule les rend eux-mêmes respectables.

Je dis la respecter: elle exige d'eux un respect de fidélité, figuré par Moïse, qui leur en fasse ob-

server les maximes ; et un respect de zele, repré-
senté dans Élie, qui les rende protecteurs de sa
doctrine et de sa vérité.

Fideles dans l'observance de ses maximes ; zélés dans la défense de sa doctrine et de sa vérité.
Ave, Maria.

PREMIERE PARTIE.

SIRE,

Être né grand, et vivre en chrétien, n'ont
rien d'incompatible, ni dans les fonctions de l'autorité, ni dans les devoirs de la religion ; ce seroit
dégrader l'évangile et adopter les anciens blasphèmes de ses ennemis, de le regarder comme la
religion du peuple et une secte de gens obscurs.

Il est vrai que les Césars, et les puissants selon
le siecle, ne crurent pas d'abord en Jésus-Christ :
mais ce n'est pas que sa doctrine réprouvât leur
état ; elle ne réprouvoit que leurs vices : il falloit
même montrer au monde que la puissance de
Dieu n'avoit pas besoin de celle des hommes ;
que le crédit et l'autorité du siecle étoit inutile à
une doctrine descendue du ciel ; qu'elle se suffisoit à elle-même pour s'établir dans l'univers ; que

toutes les puissances du siecle, en se déclarant contre elle et en la persécutant, devoient l'affermir; et que si elle n'eût pas eu d'abord les grands pour ennemis, elle eût manqué du principal caractere qui les rendit ensuite ses disciples.

La loi de l'évangile est donc la loi de tous les états; plus même la naissance nous éleve au-dessus des autres hommes, plus la religion nous fournit des motifs de fidélité envers Dieu. Je dis des motifs de reconnoissance et de justice.

Oui, mes freres, ce n'est pas le hasard qui vous a fait naître grands et puissants. Dieu, dès le commencement des siecles, vous avoit destiné cette gloire temporelle, marqués du sceau de sa grandeur, et séparés de la foule par l'éclat des titres et des distinctions humaines. Que lui aviez-vous fait, pour être ainsi préférés au reste des hommes, et à tant d'infortunés sur-tout qui ne se nourrissent que d'un pain de larmes et d'amertume? Ne sont-ils pas comme vous l'ouvrage de ses mains et rachetés du même prix? n'êtes-vous pas sortis de la même boue? n'êtes-vous pas peut-être chargés de plus de crimes? le sang dont vous êtes issus, quoique plus illustre aux yeux des hommes, ne coule-t-il pas de la même source empoisonnée qui a infecté tout le genre humain? Vous

avez reçu de la nature un nom plus glorieux ; mais
en avez-vous reçu une ame d'une autre espece et
destinée à un autre royaume éternel que celle des
hommes les plus vulgaires ? Qu'avez-vous au-dessus d'eux devant celui qui ne connoît de titres et
de distinctions dans ses créatures que les dons de
sa grace ? Cependant Dieu , leur pere comme le
vôtre, les livre au travail, à la peine, à la misere
et à l'affliction ; et il ne réserve pour vous que la
joie, le repos, l'éclat et l'opulence : ils naissent
pour souffrir, pour porter le poids du jour et de
la chaleur, pour fournir de leurs peines et de leurs
sueurs à vos plaisirs et à vos profusions ; pour trainer, si j'ose parler ainsi, comme de vils animaux
le char de votre grandeur et de votre indolence.
Cette distance énorme que Dieu laisse entre eux
et vous a-t-elle jamais été seulement l'objet de vos
réflexions, loin de l'être de votre reconnoissance ?
Vous vous êtes trouvés, en naissant, en possession
de tous ces avantages ; et, sans remonter au souverain dispensateur des choses humaines , vous
avez cru qu'ils vous étoient dus , parceque vous
en aviez toujours joui. Hélas ! vous exigez de vos
créatures une reconnoissance si vive, si marquée,
si soutenue, un assujettissement si déclaré de ceux
qui vous sont redevables de quelques faveurs ; ils

ne sauroient sans crime oublier un instant ce qu'ils vous doivent; vos bienfaits vous donnent sur eux un droit qui vous les assujettit pour toujours. Mesurez là-dessus ce que vous devez au Seigneur, le bienfaiteur de vos peres et de toute votre race. Quoi! vos faveurs vous font des esclaves; et les bienfaits de Dieu ne lui feroient que des ingrats et des rebelles!

Ainsi, mes freres, plus vous avez reçu de lui, plus il attend de vous. Mais, hélas! cette loi de reconnoissance que tout ce qui vous environne vous annonce, et qui devroit être, pour ainsi dire, écrite sur les portes et sur les murs de vos palais, sur vos terres et sur vos titres, sur l'éclat de vos dignités et de vos vêtements, n'est point même écrite dans votre cœur! Dieu reprendra ses propres dons, mes freres, puisque, loin de lui en rendre la gloire qui lui est due, vous les tournez contre lui-même : ils ne passeront point à votre postérité; il transportera cette gloire à une race plus fidele. Vos descendants expieront peut-être dans la peine et dans la calamité le crime de votre ingratitude; et les débris de votre élévation seront comme un monument éternel, où le doigt de Dieu écrira jusqu'à la fin l'usage injuste que vous en avez fait.

Que dis-je! il multipliera peut-être ses dons;
il vous accablera de nouveaux bienfaits; il vous
élevera encore plus haut que vos ancêtres : mais
il vous favorisera dans sa colère; ses bienfaits seront des châtiments; votre prospérité consomme-
ra votre aveuglement et votre orgueil; ce nouvel
éclat ne sera qu'un nouvel attrait pour vos passions ; et l'accroissement de votre fortune verra
croître dans le même degré vos dissolutions, votre
irréligion, et votre impénitence.

C'est donc une erreur, mes freres, de regarder la naissance et le rang comme un privilege
qui diminue et adoucit à votre égard vos devoirs
envers Dieu et les regles séveres de l'évangile. Au
contraire, il exigera plus de ceux à qui il aura plus
donné; ses bienfaits deviendront la mesure de vos
devoirs; et comme il vous a distingués des autres
hommes par des largesses plus abondantes, il demande que vous vous en distinguiez aussi par une
plus grande fidélité. Mais outre la reconnoissance
qui vous y engage, plus tout allume les passions
dans votre état, plus vous avez besoin de vigilance
pour vous défendre. Il faut aux grands de grandes
vertus : la prospérité est comme une persécution
continuelle contre la foi; et si vous n'avez pas
toute la force et le courage des saints, vous aurez

bientôt plus de vices et de foiblesses que le reste
des hommes.

Mais d'ailleurs sur quoi prétendez-vous que
Dieu doit se relâcher en votre faveur, et exiger
moins de vous que du commun des fideles? Avez-
vous moins de plaisirs à expier? votre innocence
est-elle le titre qui vous donne droit à son indulgence? vous êtes-vous moins livrés aux desirs de
la chair, pour vous croire plus dispensés des vio-
lences qui la mortifient et la punissent? Votre élévation a multiplié vos crimes; et elle adouciroit
votre pénitence! Vos excès vous distinguent encore plus du peuple que votre rang; et vous pré-
tendriez trouver là-dessus dans la religion des
exceptions qui vous fussent favorables!

Quelle idée de la divinité avons-nous, mes
freres! quel dieu de chair et de sang nous for-
mons-nous! Quoi! dans ce jour terrible où Dieu
seul sera grand, où le roi et l'esclave seront confondus, où les œuvres seules seront pesées, Dieu
n'exerceroit que des jugements favorables envers
ces hommes que nous appellons grands! ces hommes qu'il avoit comblés de biens, qui avoient été
les heureux de la terre, qui s'étoient fait ici bas
une injuste félicité, et qui, oubliant presque tous
l'auteur de leur prospérité, n'avoient vécu que

pour eux-mêmes! et il s'armeroit alors de toute sa sévérité contre le pauvre qu'il avoit toujours affligé! et il réserveroit tonte la rigueur de ses jugements pour des infortunés qui n'avoient passé que des jours de deuil et des nuits laborieuses sur la terre, et qui souvent l'avoient béni dans leur affliction et invoqué dans leur délaissement et leur amertume! Vous êtes juste, Seigneur, et vos jugements seront équitables.

Mais, Sire, quand ces motifs de justice et de reconnoissance n'engageroient pas les grands à la fidélité qu'ils doivent par tant de titres à Dieu, que de motifs n'en trouvent-ils pas encore en eux-mêmes!

N'est-ce pas en effet la sagesse et la crainte de Dieu toute seule qui peut rendre les princes et les grands plus aimables aux peuples? C'est par elle, disoit autrefois un jeune roi, que je deviendrai illustre parmi les nations; que les vieillards respecteront ma jeunesse; que les princes qui sont autour de mon trône baisseront par respect les yeux devant moi; que les rois voisins, quelque redoutables qu'ils soient, me craindront; que je serai aimé dans la paix et redouté dans la guerre: *per hanc timebunt me reges horrendi : in multitudine videbor bonus et in bello fortis*[1]. C'est par

(1) Sap. c. 8, v. 13, 15.

elle que mon regne sera agréable à votre peuple,
ô mon Dieu! que je le gouvernerai justement, et
que je serai digne du trône de mes peres : *per
hanc disponam populum tuum justè, et ero dignus
sedium patris mei*[1].

Non, SIRE, ce ne sera ni la force de vos armées, ni l'étendue de votre empire, ni la magnificence de votre cour, qui vous rendront cher à
vos peuples: ce seront les vertus qui font les bons
rois; la justice, l'humanité, la crainte de Dieu.
Vous êtes un grand roi par votre naissance; mais
vous ne pouvez être un roi cher à vos peuples que
par vos vertus. Les passions qui nous éloignent
de Dieu nous rendent toujours injustes et odieux
aux hommes : les peuples souffrent toujours des
vices du souverain. Tout ce qui outre l'autorité
l'affoiblit et la dégrade : les princes dominés par
les passions sont toujours des maîtres incommodes et bizarres : le gouvernement n'a plus de
regle, quand le maître lui-même n'en a point. Ce
n'est plus la sagesse et l'intérêt public qui président aux conseils, c'est l'intérêt des passions : le
caprice et le goût forment les décisions que devoit
dicter l'amour de l'ordre; et le plaisir devient le
grand ressort de toute la prudence de l'empire.

(1) Sap. c. 9, v. 12.

Oui, SIRE, la sagesse et la piété du souverain toute seule peut faire le bonheur des sujets ; et le roi qui craint Dieu est toujours cher à son peuple.

Mais si la crainte de Dieu rend dans les princes et les grands l'autorité aimable, c'est elle encore, SIRE, qui la rend glorieuse. Tous les biens et tous les succès, disoit encore un sage roi, me sont venus avec elle, et c'est par elle que l'honneur et la gloire m'ont toujours accompagné : *et innumerabilis honestas per manum illius*[1]. Dieu ne prend pas sous sa protection ceux qui ne vivent pas sous ses ordres.

Je sais que l'impie prospere quelquefois, qu'il paroît élevé comme le cedre du Liban, et qu'il semble insulter le ciel par une gloire orgueilleuse qu'il ne croit tenir que de lui-même. Mais attendez ; son élévation va lui creuser elle-même son précipice : la main du Seigneur l'arrachera bientôt de dessus la terre. La fin de l'impie est presque toujours sans honneur ; tôt ou tard il faut enfin que cet édifice d'orgueil et d'injustice s'écroule. La honte et les malheurs vont succéder ici bas à la gloire de ses succès : on le verra peut-être traîner une vieillesse triste et déshonorée ; il finira par l'ignominie. Dieu aura son tour, et la

[1] Sap. c. 7, v. 11.

gloire de l'homme injuste ne descendra pas avec lui dans le tombeau.

Repassez sur les siecles qui nous ont précédés, comme disoit autrefois un prince juif à ses enfants, *cogitate generationes singulas* [1]; et vous verrez que le Seigneur a toujours soufflé sur les races orgueilleuses, et en a fait sécher la racine; que la prospérité des impies n'a jamais passé à leurs descendants; que les trônes eux-mêmes, et les successions royales, ont manqué sous des princes fainéants et efféminés; et que l'histoire des crimes et des excès des grands est en même temps l'histoire de leurs malheurs et de leur décadence.

Mais enfin, SIRE, en quoi les princes et les grands sont moins excusables lorsqu'ils abandonnent Dieu, c'est que d'ordinaire ils naissent avec des inclinations plus nobles et plus heureuses pour la vertu que le peuple.

J'étois encore enfant, disoit le roi Salomon, mais je me trouvois déja les lumieres d'un âge avancé, et je sentois que je devois à ma naissance une ame bonne et des sentiments plus élevés que ceux des autres hommes: *puer autem eram ingeniosus, et sortitus sum animam bonam* [2].

(1) 1 Mac. c. 2, v. 61.   (2) Sap. c. 8, v. 19.

Le sang, l'éducation, l'histoire des ancêtres, jette dans le cœur des grands et des princes des semences et comme une tradition naturelle de vertu. Le peuple, livré en naissant à un naturel brut et inculte, ne trouve en lui, pour les devoirs sublimes de la foi, que la pesanteur et la bassesse d'une nature laissée à elle-même : les bienséances inséparables du rang, et qui sont comme la première école de la vertu, ne gênent pas ses passions : l'éducation fortifie le vice de la naissance ; les objets vils qui l'environnent lui abattent le cœur et les sentiments ; il ne sent rien au-dessus de ce qu'il est ; né dans les sens et dans la boue, il s'élève difficilement au-dessus de lui-même. Il y a dans les maximes de l'évangile une noblesse et une élévation où les cœurs vils et rampants ne sauroient atteindre : la religion, qui fait les grandes ames, ne paroît faite que pour elles ; et il faut être grand, ou le devenir, pour être chrétien.

Je n'ignore pas que la grace supplée à la nature ; que la chair et le sang ne donnent aucun droit au royaume de Dieu ; que les premiers héros de la foi sortirent d'entre le peuple ; que les vases de boue, entre les mains de l'ouvrier souverain, deviennent bientôt des vases de gloire et de

magnificence; et que tout chrétien est né grand,
parcequ'il est né pour le ciel.

Mais une haute naissance nous prépare, pour
ainsi dire, aux sentiments nobles et héroïques
qu'exige la foi: un sang plus pur s'éleve plus aisément; il en doit moins coûter de vaincre les passions à ceux qui sont nés pour remporter des victoires : le mensonge et la duplicité entrent plus
difficilement dans un cœur à qui la vérité ne sauroit nuire, et qui n'a rien à craindre ni à espérer
des hommes. L'espérance d'une fortune éclatante ne peut corrompre la probité de ceux qui
ne voient plus de fortune au-dessus de la leur, et
qui tiennent en leurs mains la fortune et la destinée publique. Le respect humain n'intimide et
n'arrête pas la vertu des grands, eux que tout le
monde fait gloire d'imiter, et dont les mœurs deviennent toujours la loi de la multitude. La bassesse de la débauche et de la dissolution trouve
moins d'accès dans une ame que la naissance des-
tine à de grandes choses : la regle et les devoirs
sont moins étrangers à ceux qui sont établis pour
maintenir l'ordre et la regle parmi les peuples.
S'ils sont entourés de plus de pieges, ils trouvent
en eux plus de freins et plus de ressources : la
nature toute seule a environné leur ame d'une

garde d'honneur et de gloire : enfin, les premiers penchants dans les grands sont pour la vertu ; et ils dégénerent dès qu'ils les tournent au vice. Ils doivent donc à la religion un respect de fidélité qui leur en fasse observer les maximes ; mais ils lui doivent encore un respect de zele qui les rende défenseurs de sa doctrine et de sa vérité.

SECONDE PARTIE.

La religion est la fin de tous les desseins de Dieu sur la terre : tout ce qu'il a fait ici bas, il ne l'a fait que pour elle ; tout doit servir à l'agrandissement de ce royaume de Jésus-Christ. Les vertus et les vices, les grands et le peuple, les bons et les mauvais succès, l'abondance ou les calamités publiques, l'élévation ou la décadence des empires, tout enfin dans l'ordre des conseils éternels doit coopérer à la formation et à l'accroissement de cette sainte Jérusalem. Les tyrans l'ont purifiée par les persécutions ; les fideles la perpétuent par la charité ; les incrédules et les libertins l'éprouvent et l'affermissent par les scandales : les justes sont les témoins de sa foi ; les pasteurs, les dépositaires de sa doctrine ; les princes et les puissants, les protecteurs de sa vérité.

Ce n'est pas assez pour eux d'obéir à ses loix ;

c'est le devoir de tout fidele : la majesté de son culte, la sainteté de ses maximes, le dépôt de sa vérité, doivent trouver une sûre protection dans leur autorité et dans leur zele.

Je dis la majesté de son culte. Rien, SIRE, n'honore plus la religion que de voir les grands et les princes confondus au pied des autels avec le reste des fideles, dans les devoirs communs et extérieurs de la foi. C'est à eux à opposer leurs hommages publics et respectueux dans le temple saint aux irrévérences et aux profanations publiques, et à venir montrer à la multitude combien il est indécent à des sujets de paroître sans pudeur et sans contrainte au pied du sanctuaire, devant lequel les princes et les rois eux-mêmes s'anéantissent : ils doivent cet exemple aux peuples, et ce respect à la majesté du culte saint. Hélas ! ils regardent comme une bienséance de leur rang d'autoriser par leur présence les plaisirs publics, et ils croiroient souvent se dégrader en paroissant à la tête des cantiques de joie et des solemnités saintes de la religion ! Ils se font un intérêt d'état de donner du crédit par leur exemple aux amusements du théâtre et aux vains spectacles du siecle : l'Église est-elle donc moins intéressée, que leurs exemples en donnent aux spectacles sacrés et religieux de la foi ?

Les plaisirs publics n'ont pas besoin de protection. Hélas! la corruption des hommes leur répond assez de la perpétuité de leur crédit et de leur durée; et s'ils sont nécessaires aux états, l'autorité n'a que faire de s'en mêler : de tous les besoins publics, c'est celui qui court moins de risque.

Mais les devoirs de la religion, qui ne trouvent rien pour eux dans nos cœurs, il faut que de grands exemples les soutiennent : le culte achève de s'avilir, dès que les princes et les grands le négligent. Dieu ne paroît plus si grand, si j'ose parler ainsi, dès qu'on ne compte que le peuple parmi ses adorateurs : sa parole n'est plus écoutée, on perd tous les jours son autorité, dès qu'elle n'est plus destinée qu'à être le pain des pauvres et des petits. Les devoirs publics de la piété sont abandonnés; tout tombe et languit, si la religion du prince et des grands ne le soutient et ne le ranime. C'est ici où l'intérêt du culte se trouve mêlé avec celui de l'état; où il importe au souverain de maintenir, et les dehors augustes de la religion, et l'unité de sa doctrine, qui soutiennent euxmêmes le trône, et d'accoutumer ses sujets à rendre à Dieu et à l'Église le respect et la soumission qui leur sont dus, de peur qu'ils ne les lui refusent ensuite à lui-même. Les troubles de l'Église ne sont jamais loin de ceux de l'état ; on ne respecte guere le joug des puissances, quand on est parvenu à secouer le joug de la foi : et l'hérésie a beau se laver de cet opprobre, elle a par-tout allumé le feu de la sédition ; elle est née dans la révolte ; en ébranlant les fondements de la foi, elle a ébranlé les trônes et les empires ; et par-tout, en formant des sectateurs, elle a formé des rebelles : elle a beau dire que les persécutions des princes lui mirent en main les armes d'une juste défense, l'Église n'opposa jamais aux persécutions que la patience et la fermeté ; sa foi fut le seul glaive avec lequel elle vainquit les tyrans. Ce ne fut pas en répandant le sang de ses ennemis qu'elle multiplia ses disciples ; le sang de ses martyrs tout seul fut la semence de ses fideles. Ses premiers docteurs ne furent pas envoyés dans l'univers comme des lions pour porter par-tout le meurtre et le carnage, mais comme des agneaux pour être eux-mêmes égorgés : ils prouverent, non en combattant, mais en mourant pour la foi, la vérité de leur mission : on devoit les traîner devant les rois pour y être jugés comme des criminels, et non pour y paroître les armes à la main, et les forcer de leur être favorables : ils respectoient le sceptre dans

des mains même profanes et idolâtres; et ils auroient cru déshonorer et détruire l'œuvre de
Dieu, en recourant, pour l'établir, à des ressources humaines.

Les princes affermissent donc leur autorité en
affermissant l'autorité de la religion. Aussi c'est
à eux que le culte doit sa premiere magnificence.
Ce fut sous les plus grands rois de la race de David que le temple du Seigneur vit revivre sa gloire
et sa majesté. Les Césars, sous l'évangile, tirerent
l'Église de l'obscurité où les persécutions l'avoient
laissée. Les Charlemagne, les saint Louis, rele-
verent l'éclat de leur regne en relevant celui du
culte; et les monuments publics de leur piété,
que les temps n'ont pu détruire, et que nous res-
pectons encore parmi nous, font plus d'honneur
à leur mémoire que les statues et les inscriptions
qui, en immortalisant les victoires et les conquêtes, n'immortalisent d'ordinaire que la vanité des
princes et le malheur des sujets.

Mais les mêmes motifs qui obligent les grands
à soutenir la majesté et la décence extérieure du
culte, les rendent en même temps protecteurs de
la sainteté de ses maximes: il faut qu'ils apprennent au peuple à respecter la piété, en respec-
tant eux-mêmes ceux qui la pratiquent; c'est une

protection publique qu'ils doivent à la vertu.

Oui, SIRE, les gens de bien sont la seule source du bonheur et de la prospérité des empires : c'est pour eux seuls que Dieu accorde aux peuples l'abondance et la tranquillité. S'il se fût trouvé dix justes dans Sodôme, le feu du ciel ne seroit jamais tombé sur cette ville criminelle. L'état périroit, le trône seroit renversé, nos villes abymées et réduites en cendres, et nous aurions le même sort que Sodôme et Gomorrhe, si Dieu ne voyoit encore au milieu de nous des serviteurs fideles, s'il ne nous laissoit encore une semence sainte, si l'innocence peut-être de l'enfant auguste et précieux, la seule semence qui nous reste du sang de nos rois, n'arrêtoit les foudres que la dissolution publique de nos mœurs auroit dû déja attirer sur nos têtes : *nisi Dominus reliquisset nobis semen, sicut Sodoma facti essemus, et sicut Gomorrha similes fuissemus*[1]. Les princes, SIRE, sont donc intéressés à protéger la vertu, puisque les empires et les monarchies, et le monde entier ne subsistera que tant qu'il y aura de la vertu sur la terre.

Mais ce n'est pas, SIRE, par un simple respect que les princes doivent honorer les gens de bien : c'est par la confiance ; ils ne trouveront d'amis

____

(1) Rom. c. 9, v. 29.

fideles que ceux qui sont fideles à Dieu : c'est par les emplois publics ; l'autorité n'est sûre et bien placée qu'entre les mains de ceux qui la craignent : c'est par des préférences ; les grands talents sont quelquefois les plus dangereux, si la crainte de Dieu ne sait les rendre utiles : c'est par l'accès auprès de leur personne ; la familiarité n'a rien à craindre de ceux qui respecteroient même nos rebuts et nos mauvais traitements : c'est enfin par les graces ; nos bienfaits ne sauroient faire des ingrats de ceux que le devoir tout seul et la conscience nous attachent.

Quel bonheur, Sire, pour un siecle, pour un empire, pour les peuples, lorsque Dieu leur donne dans sa miséricorde des princes favorables à la piété ! Par eux croissent et s'animent les talents utiles à l'Église : par eux se forment et sont protégés des ouvriers fideles destinés à répandre la science du salut, à arracher les scandales du royaume de Jésus-Christ, et à ranimer la foi par des ouvrages pleins de l'esprit qui les a dictés : par eux s'élevent au milieu de nous des maisons saintes, des établissements pieux où l'innocence est préservée, où le vice sauvé du naufrage trouve un port heureux : par eux enfin nos neveux trouveront encore ces ressources publiques de salut, monuments heureux qui perpétuent la piété dans les empires, qui assurent aux princes la reconnoissance des âges à venir, qui mettent la postérité dans leurs intérêts, et qui les rendent les héros de tous les siecles.

Non, Sire, la gloire des monuments que l'orgueil ou l'adulation ont élevés, sera ou ensevelie dans l'oubli par le temps, ou effacée par les censures et les jugements plus équitables de la postérité : les races futures disputeront à la plupart des souverains les titres et les honneurs que leur siecle leur aura déférés; mais la gloire des secours publics accordés à la piété, et qui subsisteront après eux, ne leur sera pas disputée; et quelque grand qu'ait été le roi que nous pleurons encore, de tous les monuments élevés si justement pour immortaliser la gloire de son regne, les deux édifices pieux et augustes où la valeur d'un côté, et la noblesse du sexe de l'autre, trouveront jusqu'à la fin des ressources sûres et publiques, sont les titres qui lui répondent le plus des éloges et des actions de graces de la postérité.

Tel est le zele de protection que les princes et les grands doivent à la sainteté des maximes de la religion : mais ils le doivent encore au dépôt sacré de sa doctrine et de sa vérité; et notre siecle sur-tout, où l'irréligion fait tant de progrès, doit encore plus réveiller là-dessus leur attention et leur zele.

J'avoue que les impies ont été de tous les siecles; que chaque âge et chaque nation a vu des esprits noirs et superbes dire non seulement dans leur cœur et en secret, mais oser blasphémer tout haut qu'il n'y a point de Dieu; et que, dès le temps même de Salomon, où le souvenir des merveilles du Seigneur en Égypte et dans le désert étoit encore si récent, ils proposoient déja, contre tout culte rendu au Très-Haut, ces doutes impies qui sont devenus le langage vulgaire de l'incrédulité.

Mais s'il a paru autrefois des impies, le monde lui-même les a regardés avec horreur; et ces ennemis de Dieu n'ont paru sur la terre que pour être comme le rebut et l'anathème de tous les hommes.

Aujourd'hui, hélas! l'impiété est presque devenue un air de distinction et de gloire, c'est un titre qui honore; et souvent on se le donne à soi-même par une affreuse ostentation, tandis que la conscience n'ose encore secouer le joug, et nous le refuse. Aujourd'hui c'est un mérite qui donne accès auprès des grands; qui releve, pour ainsi dire, la bassesse du nom et de la naissance; qui donne à des hommes obscurs, auprès des princes du peuple, un privilege de familiarité dont nos mœurs mêmes, toutes corrompues qu'elles sont, rougissent; et l'impiété, qui devroit avilir l'éclat même de la naissance et de la gloire, décore et ennoblit l'obscurité et la roture. Ce sont les grands qui ont donné du crédit à l'impie; c'est à eux à le dégrader et à le confondre.

Quelle honte pour la religion, mes freres! Les plus grands hommes du paganisme ne parloient qu'avec respect des superstitions de l'idolâtrie, dont ils connoissoient la puérilité et l'extravagance: ils pensoient avec les sages, et ils n'osoient parler que comme le peuple: ils n'auroient osé, avec toute leur réputation et leurs lumieres, insulter tout haut un culte si insensé, mais que la majesté des loix de l'empire et l'ancienneté rendoient respectable; et Socrate lui-même, l'honneur de la Grece, ce premier philosophe du monde, si estimé de tous les siecles, et qui devoit être si cher au sien, perd la vie par un arrêt public d'Athènes pour avoir parlé avec moins de circonspection de ces dieux bizarres auxquels ses citoyens devoient moins de respect et d'honneur qu'à lui-même.

Et parmi nous le Dieu du ciel et de la terre est insulté hautement, sans que le zele public se réveille! et, sous l'empire même de la foi, des hommes vils et ignorants font des dérisions publiques d'une doctrine descendue du ciel, et on applaudit à l'impiété! et, dans un royaume où le titre de chrétien honore nos rois, l'incrédulité impunie devient même un titre d'honneur pour des sujets! Les vaines idoles auroient donc eu le ministere public pour vengeur contre les savants et les sages ; et le seul Dieu véritable ne l'auroit pas contre les libertins et les insensés!

Vengez l'honneur de la religion, vous, mes freres, dont les illustres ancêtres en ont été les premiers dépositaires, et dont vous devez être par conséquent les premiers défenseurs: éloignez l'impie d'auprès de vous; n'ayez jamais pour amis les ennemis de Dieu : il y a tant de dignité pour les grands à ne pas souffrir qu'on insulte et qu'on avilisse devant eux la foi de leurs peres! Ce doit être, pour vous, manquer de respect à votre rang, que d'en manquer en votre présence à la religion que vous professez; c'est un langage indécent qui blesse les égards et les attentions qui vous sont dues: on vous méprise, en méprisant devant vous le Dieu que vous adorez. N'écoutez donc qu'avec une indignation qui ferme la bouche à l'incrédule, les discours de l'incrédulité : comme c'est la vanité seule qui fait les impies, ils seront rares dès qu'ils seront méprisés.

Ayez vous-mêmes un noble et religieux respect pour les vérités de la religion. La véritable élévation de l'esprit, c'est de pouvoir sentir toute la majesté et toute la sublimité de la foi. Les grandes lumieres nous conduisent elles-mêmes à la soumission; l'incrédulité est le vice des esprits foibles et bornés : c'est tout ignorer que de vouloir tout connoître. Les contradictions et les abymes de l'impiété sont encore plus incompréhensibles que les mysteres de la foi ; et il y a encore moins de ressource pour la raison à secouer tout joug, qu'à obéir et à se soumettre.

Que votre respect et votre zele pour la religion de vos peres cultive et fasse croître celui du jeune prince auprès duquel vos noms et vos dignités vous attachent, et dont l'éducation est, pour ainsi dire, confiée à tous ceux qui ont l'honneur de l'approcher de plus près ; qu'il retrouve en vous les premiers témoins de la foi, que ses ancêtres placerent sur le trône ; que le zele pour la défense de l'Église, qui coule en lui avec le sang, soit encore réveillé et animé par vos exemples ; que les erreurs et les profanes nouveautés soient les premiers ennemis qu'il se propose de combattre; et qu'il soit encore plus jaloux qu'on ne touche point aux anciennes bornes de la foi, qu'à celles de la monarchie.

Que la tranquillité de son regne, ô mon Dieu, devienne celle de l'Église; que les troubles qui l'agitent soient calmés avant qu'il puisse les connoître; que la concorde et l'union rétablies parmi nous préviennent la sévérité de ses loix, et ne laissent plus rien à faire à son zele; que son regne soit le regne de la paix et de la vérité; que le lion et l'agneau vivent ensemble paisiblement sous son empire; et que cet enfant miraculeux, comme dit Isaïe, les mene encore et les voie réunis dans les mêmes pâturages: *et puer parvulus minabit eos* [1]. Que le camp des infideles et des Philistins ne se réjouisse plus de nos dissensions; et que s'ils entendent encore des clameurs autour de l'arche, ce ne soient plus celles qui annoncent ses périls et des malheurs nouveaux, mais ses triomphes et sa gloire.   Ainsi soit-il.

(1) Isaï. c. 11, v. 6.

SERMON

POUR LE TROISIEME DIMANCHE

DE CARÊME.

SUR LE MALHEUR DES GRANDS QUI ABANDONNENT DIEU.

Cùm immundus spiritus exierit de homine, ambulat per loca inaquosa, quærens requiem, et non invenit.

Lorsque l'esprit immonde est sorti d'un homme, il s'en va par des lieux arides, cherchant du repos, et il n'en trouve point. (Luc. c. 11, v. 24.)

SIRE,

Cet esprit inquiet et immonde, qui sort et rentre dans l'homme d'où il est sorti, qui change sans cesse de lieu, qui essaie de toutes les situations et ne peut se plaire et se fixer dans aucune,

qui court toujours pour découvrir des sentiers
agréables et délicieux, et qui ne marche jamais
que par des lieux tristes et arides, qui cherche le
repos et ne le trouve pas, c'est l'image de l'humeur et du caractere des grands de la terre, toujours plus inquiets, plus agités et plus malheureux que le simple peuple, dès que, livrés à leurs
passions et à eux-mêmes, ils ont abandonné Dieu.

C'est la figure naturelle de cet état d'élévation
et de prospérité si envié du monde, et si peu digne
d'envie selon Dieu. Le bonheur, SIRE, n'est pas
attaché à l'éclat du rang et des titres ; il n'est attaché qu'à l'innocence de la vie. Ce n'est pas ce qui
nous éleve au-dessus des autres hommes qui nous
rend heureux, c'est ce qui nous réconcilie avec
Dieu. Vous portez la plus belle couronne de l'u-
nivers ; mais si la piété ne vous aide à la soutenir,
elle va devenir le fardeau même qui vous accablera. En un mot, point de bonheur où il n'y a
point de repos, et point de repos où Dieu n'est
point.

Ainsi l'élévation toute seule ne fait pas le bonheur des grands, si elle n'est accompagnée de la
vertu et de la crainte du Seigneur. Au contraire,
plus on est grand, plus on vit malheureux, si l'on
ne vit point avec Dieu.

Vérité importante qui va faire le sujet de ce discours. Implorons, etc.   AVE, MARIA.

SIRE,

SI l'homme n'étoit fait que pour la terre, plus il occuperoit de place, et plus il seroit heureux.

Mais l'homme est né pour le ciel: il porte écrits dans son cœur les titres augustes et ineffaçables de son origine; il peut les avilir, mais il ne peut les effacer. L'univers entier seroit sa possession et son partage, qu'il sentiroit toujours qu'il se dégrade et ne se satisfait pas en s'y fixant : tous les objets qui l'attachent ici bas l'arrachent, pour ainsi dire, du sein de Dieu, son origine et son repos éternel, et laissent une plaie de remords et d'inquiétude dans son ame, qu'ils ne sauroient plus fermer eux-mêmes : il sent toujours la douleur secrete de la rupture et de la séparation; et tout ce qui altere son union avec Dieu le rend irréconciliable avec lui-même.

Cependant nous nous promettons toujours ici bas une injuste félicité. Nous courons tous dans cette terre aride, comme l'esprit de notre évangile, après un bonheur et un repos que nous ne saurions trouver. A peine détrompés, par la possession d'un objet, du bonheur qui sembloit nous y attendre, un nouveau desir nous jette dans la même illusion ; et passant sans cesse de l'espérance du bonheur au dégoût, et du dégoût à l'espérance, tout ce qui nous fait sentir notre méprise devient lui-même l'attrait qui la perpétue.

Il semble d'abord que cette erreur ne devroit être à craindre que pour le peuple. La bassesse de sa fortune laissant toujours un espace immense au-dessus de lui, il seroit moins étonnant qu'il se figurât une félicité imaginaire dans les situations élevées où il ne peut atteindre, et qu'il crût, car tel est l'homme, que tout ce qu'il ne peut avoir, c'est cela même qui est le bonheur qu'il cherche.

Mais l'éclat du rang, des titres et de la naissance, dissipe bientôt cette vaine illusion. On a beau monter et être porté sur les ailes de la fortune au-dessus de tous les autres, la félicité se trouve toujours placée plus haut que nous-mêmes : plus on s'élève, plus elle semble s'éloigner de nous. Les chagrins et les noirs soucis montent et vont s'asseoir même avec le souverain sur le trône. Le diadème, qui orne le front auguste des rois, n'est souvent armé que de pointes et d'épines qui le déchirent ; et les grands, loin d'être les plus heureux, ne sont que les tristes témoins qu'on ne peut l'être sans la vertu sur la terre.

Il est vrai même que l'élévation nous rend plus malheureux, si elle ne nous rend pas plus fideles à Dieu. Les passions y sont plus violentes, l'ennui plus à charge, la bizarrerie plus inévitable, c'est-à-dire le vuide de tout ce qui n'est pas Dieu plus sensible et plus affreux.

PREMIERE RÉFLEXION.

LES passions plus violentes. Oui, SIRE, les passions font tous nos malheurs ; et tout ce qui les flatte et les irrite augmente nos peines. Un grand voluptueux est plus malheureux et plus à plaindre que le dernier et le plus vil d'entre le peuple : tout lui aide à assouvir son injuste passion, et tout ce qui l'assouvit la réveille ; ses desirs croissent avec ses crimes. Plus il se livre à ses penchants, plus il en devient le jouet et l'esclave : sa prospérité rallume sans cesse le feu honteux qui le dévore, et le fait renaître de ses propres cendres : les sens, devenus ses maîtres, deviennent ses tyrans : il se rassasie de plaisirs, et sa satiété fait elle-même son supplice ; et les plaisirs enfantent eux-mêmes, dit l'esprit de Dieu, le ver qui le ronge et qui le dévore: *et dulcedo illius vermes*[1]. Ainsi ses inquiétudes naissent de son abondance; ses desirs, toujours satisfaits, ne lui laissant plus rien à desirer, le laissent tristement avec lui-même: l'excès de ses plaisirs en augmente de jour en jour le vuide: et plus il en goûte, plus ils deviennent tristes et amers.

Son rang même, ses bienséances, ses devoirs, tout empoisonne sa passion criminelle. Son rang; plus il est élevé, plus il en coûte pour la dérober aux regards et à la censure publique: ses bienséances; plus il en est jaloux, plus les alarmes qu'une indiscrétion ne trahisse ses précautions et ses mesures sont cruelles: ses devoirs; parcequ'il les faut toujours prendre sur ses plaisirs.

Non, SIRE, le trône où vous êtes assis a autour de lui encore plus de remparts qui le défendent contre la volupté, que d'attraits qui l'y engagent. Si tout dresse des pieges à la jeunesse des rois, tout leur tend les mains aussi pour leur aider à les éviter. Donnez-vous à vos peuples à qui vous vous devez; le poison de la volupté ne trouvera guere de moment pour infecter votre cœur; elle n'habite et ne se plaît qu'avec l'oisiveté et l'indolence: que les soins de la royauté en deviennent

____

(1) Job, c. 24, v. 20.

pour vous les plus chers plaisirs. Ce n'est pas ré-
guer de ne vivre que pour soi-même; les rois ne
sont que les conducteurs des peuples : ils ont, à la
vérité, ce nom et ce droit par la naissance; mais
ils ne le méritent que par les soins et l'application.
Aussi les regnes oisifs forment un vuide obscur
dans nos annales : elles n'ont pas daigné même
compter les années de la vie des rois fainéants ;
il semble que n'ayant pas régné eux-mêmes, ils
n'ont pas vécu. C'est un chaos qu'on a de la peine
à éclaircir encore aujourd'hui ; loin de décorer
nos histoires, ils ne font que les obscurcir et les
embarrasser; et ils sont plus connus par les grands
hommes qui ont vécu sous leur regne, que par
eux-mêmes.

Je ne parle pas ici de toutes les autres passions,
qui, plus violentes dans l'élévation, font sur le
cœur des grands des plaies plus douloureuses et
plus profondes. L'ambition y est plus démesurée.
Hélas! le citoyen obscur vit content dans la médiocrité de sa destinée : héritier de la fortune de
ses peres, il se borne à leur nom et à leur état ; il
regarde sans envie ce qu'il ne pourroit souhaiter
sans extravagance; tous ses desirs sont renfermés
dans ce qu'il possede ; et s'il forme quelquefois
des projets d'élévation, ce sont de ces chimeres

agréables qui amusent le loisir d'un esprit oiseux, mais non pas des inquiétudes qui le dévorent.

Au grand, rien ne suffit, parcequ'il peut prétendre à tout : ses desirs croissent avec sa fortune ; tout ce qui est plus élevé que lui le fait paroître petit à ses yeux ; il est moins flatté de laisser tant d'hommes derriere lui, que rongé d'en avoir encore qui le précedent ; il ne croit rien avoir, s'il n'a tout ; son ame est toujours aride et altérée ; et il ne jouit de rien, si ce n'est de ses malheurs et de ses inquiétudes.

Ce n'est pas tout : de l'ambition naissent les jalousies dévorantes ; et cette passion si basse et si lâche est pourtant le vice et le malheur des grands. Jaloux de la réputation d'autrui, la gloire qui ne leur appartient pas est pour eux comme une tache qui les flétrit et qui les déshonore. Jaloux des graces qui tombent à côté d'eux, il semble qu'on leur arrache celles qui se répandent sur les autres. Jaloux de la faveur, on est digne de leur haine et de leur mépris, dès qu'on l'est de l'amitié et de la confiance du maître. Jaloux même des succès glorieux à l'état, la joie publique est souvent pour eux un chagrin secret et domestique : les victoires remportées par leurs rivaux sur les ennemis leur sont plus ameres qu'à nos ennemis mêmes ; leur maison, comme celle d'Aman, est une maison de deuil et de tristesse, tandis que Mardochée triomphe et reçoit au milieu de la capitale les acclamations publiques ; et, peu contents d'être insensibles à la gloire des événements, ils cherchent à se consoler en s'efforçant de les obscurcir par la malignité des réflexions et des censures : enfin, cette injuste passion tourne tout en amertume ; et on trouve le secret de n'être jamais heureux, soit par ses propres maux, soit par les biens qui arrivent aux autres.

Enfin, parcourez toutes les passions ; c'est sur le cœur des grands qui vivent dans l'oubli de Dieu qu'elles exercent un empire plus triste et plus tyrannique. Leurs disgraces sont plus accablantes : plus l'orgueil est excessif, plus l'humiliation est amere. Leurs haines plus violentes : comme une fausse gloire les rend plus vains, le mépris aussi les trouve plus furieux et plus inexorables. Leurs craintes plus excessives : exempts de maux réels, ils s'en forment même de chimériques, et la feuille que le vent agite est comme la montagne qui va s'écrouler sur eux. Leurs infirmités plus affligeantes: plus on tient à la vie, plus tout ce qui la menace nous alarme. Accoutumés à tout ce que les sens offrent de plus doux et de plus riant, la plus légere douleur déconcerte toute leur félicité et leur est insoutenable : ils ne savent user sagement ni de la maladie ni de la santé, ni des biens ni des maux inséparables de la condition humaine. Les plaisirs abregent leurs jours ; et les chagrins, qui suivent toujours les plaisirs, précipitent le reste de leurs années. La santé, déja ruinée par l'intempérance, succombe sous la multiplicité des remedes. L'excès des attentions acheve ce que n'avoit pu faire l'excès des plaisirs ; et s'ils se sont défendu les excès, la mollesse et l'oisiveté toute seule devient pour eux une espece de maladie et de langueur qui épuise toutes les précautions de l'art, et que les précautions usent et épuisent elles-mêmes. Enfin, leurs assujettissements plus tristes : élevés à vivre d'humeur et de caprice, tout ce qui les gêne et les contraint les accable. Loin de la cour, ils croient vivre dans un triste exil ; sous les yeux du maître, ils se plaignent sans cesse de l'assujettissement des devoirs, et de la contrainte des bienséances : ils ne peuvent porter ni la tranquillité d'une condition privée, ni la dignité d'une vie publique. Le repos leur est aussi insupportable que l'agitation, ou plutôt ils sont par-tout à charge à eux-mêmes. Tout est un joug pesant à quiconque veut vivre sans joug et sans regle.

Non, mes freres, un grand dans le crime est plus malheureux qu'un autre pécheur: la prospérité l'endurcit, pour ainsi dire, au plaisir, et ne lui laisse de sensibilité que pour la peine. Vous l'avez voulu, ô mon Dieu, que l'élévation, qu'on regarde comme une ressource pour les grands qui vivent dans l'oubli de vos commandements, soit elle-même leur ennui et leur supplice.

SECONDE RÉFLEXION.

Je dis leur ennui : et c'est une seconde réflexion que me fournit le malheur des grands qui ont abandonné Dieu. Non seulement les passions sont plus violentes dans cet état si heureux aux yeux du monde, mais l'ennui y devient plus insupportable.

Oui, mes freres, l'ennui, qui paroît devoir être le partage du peuple, ne s'est pourtant, ce semble, réfugié que chez les grands ; c'est comme leur ombre qui les suit par-tout. Les plaisirs, presque tous épuisés pour eux, ne leur offrent plus qu'une triste uniformité qui endort ou qui lasse : ils ont beau les diversifier, ils diversifient leur ennui. En vain ils se font honneur de paroître à la tête de toutes les réjouissances publiques ; c'est une vivacité d'ostentation ; le cœur n'y prend presque plus de part : le long usage des plaisirs les leur a rendus inutiles : ce sont des ressources usées, qui se unisent chaque jour à elles-mêmes. Semblables à un malade à qui une longue langueur a rendu tous les mets insipides, ils essaient de tout, et rien ne les pique et ne les réveille ; et un dégoût affreux, dit Job, succède à l'instant à une vaine espérance de plaisir dont leur ame s'étoit d'abord flattée : *et spes illorum abominatio animæ*[1].

Toute leur vie n'est qu'une précaution pénible contre l'ennui, et toute leur vie n'est qu'un ennui pénible elle-même : ils l'avancent même en se hâtant de multiplier les plaisirs. Tout est déja usé pour eux à l'entrée même de la vie ; et leurs premieres années éprouvent déja les dégoûts et l'insipidité que la lassitude et le long usage de tout semble attacher à la vieillesse.

Il faut au juste moins de plaisirs, et ses jours sont plus heureux et plus tranquilles. Tout est délassement pour un cœur innocent. Les plaisirs doux et permis qu'offre la nature, fades et ennuyeux pour l'homme dissolu, conservent tout leur agrément pour l'homme de bien : il n'y a même que les plaisirs innocents qui laissent une joie pure dans l'ame ; tout ce qui la souille l'at-

____
(1) Job, c. 11, v. 20.

triste et la noircit. Les saintes familiarités et les jeux chastes et pudiques d'Isaac et de Rebecca, dans la cour du roi de Gerare, suffisoient à ces ames pures et fideles. C'étoit un plaisir assez vif pour David de chanter sur la lyre les louanges du Seigneur, ou de danser avec le reste de son peuple autour de l'arche sainte. Les festins d'hospitalité faisoient les fêtes les plus agréables des premiers patriarches, et la brebis la plus grasse suffisoit pour les délices de ces tables innocentes.

Il faut moins de joie au-dehors à celui qui la porte déja dans le cœur; elle se répand de là sur les objets les plus indifférents : mais si vous ne portez pas au-dedans la source de la joie véritable, c'est-à-dire la paix de la conscience et l'innocence du cœur, en vain vous la cherchez au-dehors. Rassemblez tous les amusements autour de vous; il s'y répandra toujours du fond de votre ame une amertume qui les empoisonnera. Raffinez sur tous les plaisirs, subtilisez-les, mettez-les dans le creuset; de toutes ces transformations il n'en sortira et résultera jamais que l'ennui.

Grand Dieu, ce qui nous éloigne de vous est cela même qui devroit nous rappeller à vous: plus la prospérité multiplie nos plaisirs, plus elle nous en détrompe; et les grands sont moins excusables et plus malheureux de ne pas s'attacher à vous, ô mon Dieu, parcequ'ils sentent mieux et plus souvent le vuide de tout ce qui n'est pas vous.

TROISIEME RÉFLEXION.

Et non seulement ils sont plus malheureux par l'ennui qui les poursuit par-tout, mais encore par la bizarrerie et le fonds d'humeur et de caprice qui en sont inséparables. Lorsqu'il sera rassasié, dit Job, son esprit paroîtra triste et agité; l'inégalité de son humeur imitera l'inconstance des flots de la mer, et les pensées les plus noires et les plus sombres viendront fondre dans son ame: *cùm satiatus fuerit arctabitur, æstuabit, et omnis dolor irruet super eum* [1].

Telle est, Sire, la destinée des princes et des grands qui vivent dans l'oubli de Dieu, et qui n'usent de leur prospérité que pour la félicité de leurs sens. Ennuyés bientôt de tout, tout leur est à charge, et ils sont à charge à eux-mêmes: leurs projets se détruisent les uns les autres; et il n'en résulte jamais qu'une incertitude universelle que le caprice forme, et que lui seul peut fixer: leurs ordres ne sont jamais, un moment après, les interpretes sûrs de leur volonté: on déplait en obéis-

[1] Job, c. 20, v. 22.

sant : il faut les deviner, et cependant ils sont une énigme inexplicable à eux-mêmes. Toutes leurs démarches, dit l'Esprit saint, sont vagues, incertaines, incompréhensibles : *vagi sunt gressus ejus, et investigabiles* [1]. On a beau s'attacher à les suivre, on les perd de vue à chaque instant ; ils changent de sentier ; on s'égare avec eux, et on les manque encore : ils se lassent des hommages qu'on leur rend, et ils sont piqués de ceux qu'on leur refuse. Les serviteurs les plus fideles les importunent par leur sincérité, et ne réussissent pas mieux à plaire par leur complaisance. Maîtres bizarres et incommodes, tout ce qui les environne porte le poids de leurs caprices et de leur humeur, et ils ne peuvent le porter eux-mêmes : ils ne semblent nés que pour leur malheur, et pour le malheur de ceux qui les servent.

Voyez Saül au milieu de ses prospérités et de sa gloire. Quel homme auroit dû passer des jours plus agréables et plus heureux ? D'une fortune obscure et privée, il s'étoit vu élever sur le trône : son regne avoit commencé par des victoires : un fils, digne de lui succéder, sembloit assurer la couronne à sa race : toutes les tribus soumises fournissoient à sa magnificence et à ses plaisirs,

_____
[1] Prov. c. 5, v. 6.

et lui obéissoient comme un seul homme. Que lui manquoit-il pour être heureux, si l'on pouvoit l'être sans Dieu?

Il perd la crainte du Seigneur, et avec elle il perd son repos et tout le bonheur de sa vie. Livré à un esprit mauvais et aux vapeurs noires et bizarres qui l'agitent, on ne le connoît plus, et il ne se connoît plus lui-même. La harpe d'un berger, loin d'amuser sa tristesse, redouble sa fureur. Ses louanges et ses victoires, chantées par les filles de Juda, sont pour lui comme des censures et des opprobres. Il se dérobe aux hommages publics, et il ne peut se dérober à lui-même. David lui déplaît en paroissant au pied de son trône, et, s'en éloignant, il est encore plus sûr de déplaire. Touché de sa fidélité, il fait son éloge, et se reconnoît moins juste et moins innocent que lui; et le lendemain il lui dresse des embûches pour s'en assurer et lui faire perdre la vie. La tendresse de son propre fils l'ennuie et lui devient suspecte. Tous les courtisans cherchent, étudient ce qui pourroit adoucir son humeur sombre et bizarre: soins inutiles! lui-même ne le sait pas. Il a négligé Samuel pendant la vie de ce prophete, et il s'avise de le rappeller du tombeau et de le consulter après sa mort. Il ne croit plus en Dieu,

et il est assez crédule pour aller interroger les démons. Il est impie, et il est superstitieux : destin,
pour le dire ici en passant, assez ordinaire aux
incrédules. Ils traitent d'imposteurs les Samuel,
les prophetes autrefois envoyés de Dieu ; ils regardent comme une force d'esprit de mépriser
ces interpretes respectables des conseils éternels,
et de se moquer des prédictions que les événements ont toutes justifiées ; ils refusent au Très-
Haut la connoissance de l'avenir, et le pouvoir
d'en favoriser ses serviteurs fideles : et ils ont la
foiblesse populaire d'aller consulter une pytho-
nisse.

Oui, mes freres, le malheureux état des grands
dans le crime est une preuve éclatante qu'un Dieu
préside aux choses humaines. Si les hommes ennemis de Dieu pouvoient être heureux, ils le seroient du moins sur le trône. Mais quiconque,
dit un roi lui-même, quiconque, fût-il maitre de
l'univers, s'éloigne de la regle et de la sagesse, il
s'éloigne du seul bonheur où l'homme puisse aspirer sur la terre : *sapientiam enim et disciplinam
qui abjicit, infelix est*[1].

Plus même vous êtes élevés, plus vous êtes malheureux. Comme rien ne vous contraint, rien

____

[1] Sap. c. 3, v. 11.

aussi ne vous fixe : moins vous dépendez des autres, plus vous êtes livrés à vous-mêmes : vos caprices naissent de votre indépendance ; vous retournez sur vous votre autorité. Vos passions ayant essayé de tout, et tout usé, il ne vous reste plus qu'à vous dévorer vous-mêmes : vos bizarreries deviennent l'unique ressource de votre ennui et de votre satiété. Ne pouvant plus varier les plaisirs déja tous épuisés, vous ne sauriez plus trouver de variété que dans les inégalités éternelles de votre humeur ; et vous vous en prenez sans cesse à vous du vuide que tout ce qui vous environne laisse au-dedans de vous-mêmes.

Et ce n'est pas ici une de ces vaines images que le discours embellit, et où l'on supplée par les ornements à la ressemblance. Approchez des grands ; jetez les yeux vous-mêmes sur une de ces personnes qui ont vieilli dans les passions, et que le long usage des plaisirs a rendues également inhabiles et au vice et à la vertu. Quel nuage éternel sur l'humeur ! quel fonds de chagrin et de caprice ! Rien ne plait, parcequ'on ne sauroit plus soi-même se plaire : on se venge sur tout ce qui nous environne des chagrins secrets qui nous déchirent ; il semble qu'on fait un crime au reste des hommes de l'impuissance où l'on est d'être

encore aussi criminel qu'eux : on leur reproche
en secret tout ce qu'on ne peut plus se permettre
à soi-même, et l'on met l'humeur à la place des
plaisirs.

Non, mes freres, tournez-vous de tous les côtés : les grands séparés de Dieu ne sont plus que
les tristes jouets de leurs passions, de leurs caprices, des événements, et de toutes les choses
humaines. Eux seuls sentent le malheur d'une
ame livrée à elle-même, en qui toutes les ressources des sens et des plaisirs ne laissent qu'un
vuide affreux, et à qui le monde entier, avec tout
cet amas de gloire et de fumée qui l'environne,
devient inutile si Dieu n'est point avec elle : ils
sont comme les témoins illustres de l'insuffisance
des créatures et de la nécessité d'un Dieu et d'une
religion sur la terre. Eux seuls prouvent au reste
des hommes qu'il ne faut attendre de bonheur ici
bas que dans la vertu et dans l'innocence ; que
tout ce qui augmente nos passions multiplie nos
peines ; que les heureux du monde n'en sont,
pour ainsi dire, que les premiers martyrs, et que
Dieu seul peut suffire à un cœur qui n'est fait que
pour lui seul.

Dieu de mes peres, disoit autrefois un jeune
roi, et qui de l'enfance comme vous, SIRE, étoit

monté sur le trône; Dieu de mes peres, vous m'a-
vez établi prince sur votre peuple, et juge des enfants d'Israel. An sortir presque du berceau, vous
m'avez placé sur le trône; et en un âge où l'on
ignore encore l'art de se conduire soi-même, vous
m'avez choisi pour être le conducteur d'un grand
peuple : *Deus patrum meorum, tu elegisti me
regem populo tuo* [1]. Vous m'avez environné de
gloire, de prospérité et d'abondance; mais la magnificence de vos dons sera elle-même la source
de mes malheurs et de mes peines, si vous n'y
ajoutez l'amour de vos commandements et la sagesse. Envoyez-la moi du haut des cieux, où elle
assiste sans cesse à vos côtés; c'est elle qui préside
aux bons conseils, et qui donnera à ma jeunesse
toute la prudence des vieillards et toute la majesté
des rois mes ancêtres; elle seule m'adoucira les
soucis de l'autorité et le poids de ma couronne :
ut mecum sit et mecum laboret [2] : elle seule me
fera passer des jours heureux, et me soutiendra
dans les ennuis et les pensées inquietes que la
royauté traine après elle; *et erit allocutio cogita-
tionis et tædii mei* [3]. Je ne trouverai de repos au
milieu même de la magnificence de mes palais, et
parmi les hommages qu'on m'y rendra, qu'avec

(1) Sap. c. 9, v. 7.   (2) Ibid. v. 10.   (3) Ibid. c. 8, v. 9.

elle : *intrans in domum meam, conquiescam cum illa* [1]. Les plaisirs finissent par l'amertume ; le trône lui-même, grand Dieu, si vous n'y êtes assis avec le souverain, est le siege des noirs soucis : mais votre crainte et la sagesse ne laisse point de regret après elle : on ne s'ennuie point de la posséder ; et la joie même et la paix ne se trouvent jamais qu'avec elle : *nec enim habet amaritudinem conversatio illius, nec tædium, sed lætitiam et gaudium* [2].

Heureux donc le prince, ô mon Dieu, qui ne croit commencer à régner que lorsqu'il commence à vous craindre, qui ne se propose d'aller à la gloire que par la vertu, et qui regarde comme un malheur de commander aux autres s'il ne vous est pas soumis lui-même !

Donnez donc, grand Dieu, votre sagesse et votre jugement au roi, et votre justice à cet enfant de tant de rois [3]. Vous qui êtes le secours du pupille, rendez-lui, par l'abondance de vos bénédictions, ce que vous lui avez ôté en le privant des exemples d'un pere pieux, et des leçons d'un auguste bisaïeul : réparez ses pertes par l'accroissement de vos graces et de vos bienfaits. Vous seul, grand Dieu, tenez-lui lieu de tout ce qui lui

(1) Sap. c. 8, v. 16.   (2) Ibid.   (3) Ps. 71, v. 1.

manque : regardez avec des yeux paternels cet enfant auguste que vous avez, pour ainsi dire, laissé seul sur la terre, et dont vous êtes par conséquent le premier tuteur et le pere : que son enfance, qui le rend si cher à la nation, réveille les entrailles de votre miséricorde et de votre tendresse : environnez sa jeunesse des secours singuliers de votre protection. La foiblesse de son âge, et les graces qui brillent déja dans ses premieres années, nous arrachent tous les jours des larmes de crainte et de tendresse. Rassurez nos frayeurs en éloignant de lui tous les périls qui pourroient menacer sa vie, et récompensez notre tendresse en le rendant lui-même tendre et humain pour ses peuples. Rendez-le heureux en lui conservant votre crainte, qui seule fait le bonheur des peuples et des rois. Assurez la félicité de son regne par la bonté de son cœur et par l'innocence de sa vie : que votre loi sainte soit écrite au fond de son ame et autour de son diadème pour lui en adoucir le poids ; qu'il ne sente les soucis de la royauté que par sa sensibilité aux miseres publiques ; et que sa piété, plus encore que sa puissance et ses victoires, fasse tout son bonheur et le nôtre ! Ainsi soit-il.

SERMON

POUR LE QUATRIEME DIMANCHE

DE CARÈME.

SUR L'HUMANITÉ DES GRANDS ENVERS LE PEUPLE.

Cùm sublevasset oculos Jesus, et vidisset quia multitudo maxima venit ad eum.

Jésus ayant levé les yeux, et voyant une grande foule de peuple qui venoit à lui. (Jean, c. 6, v. 5.)

Sire,

Ce n'est pas la toute-puissance de Jésus-Christ et la merveille des pains multipliés par sa seule parole qui doit aujourd'hui nous toucher et nous surprendre. Celui par qui tout étoit fait pouvoit tout sans doute sur des créatures qui sont son ouvrage ; et ce qui frappe le plus les sens dans ce prodige n'est pas ce que je choisis aujourd'hui pour nous consoler et nous instruire.

C'est son humanité envers les peuples. Il voit une multitude errante et affamée au pied de la montagne, et ses entrailles se troublent, et sa pitié se réveille, et il ne peut refuser aux besoins de ces infortunés non seulement son secours, mais encore sa compassion et sa tendresse : *vidit turbam multam, et misertus est eis* [1].

Par-tout il laisse échapper des traits d'humanité pour les peuples. A la vue des malheurs qui menacent Jérusalem, il soulage sa douleur par sa pitié et par ses larmes.

Quand deux disciples veulent faire descendre le feu du ciel sur une ville de Samarie, son humanité s'intéresse pour ce peuple contre leur zele, et il leur reproche d'ignorer encore l'esprit de douceur et de charité dont ils vont être les ministres.

Si les apôtres éloignent rudement une foule d'enfants qui s'empressent autour de lui, sa bonté s'offense qu'on veuille l'empêcher d'être accessible ; et plus un respect mal entendu éloigne de

_____
[1] Matth. c. 14, v. 14.

lui les foibles et les petits, plus sa clémence et son affabilité s'en rapproche.

Grande leçon d'humanité envers les peuples, que Jésus-Christ donne aujourd'hui aux princes et aux grands. Ils ne sont grands que pour les autres hommes ; et ils ne jouissent proprement de leur grandeur, qu'autant qu'ils la rendent utile aux autres hommes.

C'est-à-dire, l'humanité envers les peuples est le premier devoir des grands ; et l'humanité envers les peuples est l'usage le plus délicieux de la grandeur.

PREMIERE PARTIE.

SIRE,

TOUTE puissance vient de Dieu, et tout ce qui vient de Dieu n'est établi que pour l'utilité des hommes. Les grands seroient inutiles sur la terre s'il ne s'y trouvoit des pauvres et des malheureux : ils ne doivent leur élévation qu'aux besoins publics ; et loin que les peuples soient faits pour eux, ils ne sont eux-mêmes tout ce qu'ils sont que pour les peuples.

Quelle affreuse providence, si toute la multitude des hommes n'étoit placée sur la terre que pour servir aux plaisirs d'un petit nombre d'heureux qui l'habitent, et qui souvent ne connoissent pas le Dieu qui les comble de bienfaits !

Si Dieu en éleve quelques uns, c'est donc pour être l'appui et la ressource des autres. Il se décharge sur eux du soin des foibles et des petits ; c'est par là qu'ils entrent dans l'ordre des conseils de la sagesse éternelle. Tout ce qu'il y a de réel dans leur grandeur, c'est l'usage qu'ils en doivent faire pour ceux qui souffrent ; c'est le seul trait de distinction que Dieu ait mis en nous : ils ne sont que les ministres de sa bonté et de sa providence ; et ils perdent le droit et le titre qui les fait grands, dès qu'ils ne veulent l'être que pour eux-mêmes.

L'humanité envers les peuples est donc le premier devoir des grands ; et l'humanité renferme l'affabilité, la protection, et les largesses.

Je dis l'affabilité. Oui, SIRE, on peut dire que la fierté, qui d'ordinaire est le vice des grands, ne devroit être que comme la triste ressource de la roture et de l'obscurité. Il paroîtroit bien plus pardonnable à ceux qui naissent, pour ainsi dire, dans la boue, de s'enfler, de se hausser, et de tâcher de se mettre, par l'enflure secrete de l'orgueil, de niveau avec ceux au-dessous desquels ils se trouvent si fort par la naissance. Rien ne révolte plus les hommes d'une naissance obscure et vulgaire, que la distance énorme que le hasard a mise entre eux et les grands : ils peuvent toujours se flatter de cette vaine persuasion, que la nature a été injuste de les faire naître dans l'obscurité, tandis qu'elle a réservé l'éclat du sang et des titres pour tant d'autres dont le nom fait tout le mérite : plus ils se trouvent bas, moins ils se croient à leur place. Aussi l'insolence et la hauteur deviennent souvent le partage de la plus vile populace ; et plus d'une fois les anciens regnes de la monarchie l'ont vue se soulever, vouloir secouer le joug des nobles et des grands, et conjurer leur extinction et leur ruine entiere.

Les grands, au contraire, placés si haut par la nature, ne sauroient plus trouver de gloire qu'en s'abaissant : ils n'ont plus de distinction à se donner du côté du rang et de la naissance ; ils ne peuvent s'en donner que par l'affabilité ; et s'il est encore un orgueil qui puisse leur être permis, c'est celui de se rendre humains et accessibles.

Il est vrai même que l'affabilité est comme le caractere inséparable et la plus sûre marque de la grandeur. Les descendants de ces races illustres et anciennes, auxquels personne ne dispute

la supériorité du nom et l'antiquité de l'origine,
ne portent point sur leur front l'orgueil de leur
naissance: ils vous la laisseroient ignorer, si elle
pouvoit être ignorée. Les monuments publics en
parlent assez, sans qu'ils en parlent eux-mêmes:
on ne sent leur élévation que par une noble simplicité: ils se rendent encore plus respectables,
en ne souffrant qu'avec peine le respect qui leur
est dû; et parmi tant de titres qui les distinguent,
la politesse et l'affabilité est la seule distinction
qu'ils affectent. Ceux, au contraire, qui se parent
d'une antiquité douteuse, et à qui l'on dispute
tout bas l'éclat et les prééminences de leurs ancêtres, craignent toujours qu'on n'ignore la grandeur de leur race, l'ont sans cesse dans la bouche,
croient en assurer la vérité par une affectation
d'orgueil et de hauteur, mettent la fierté à la place
des titres; et, en exigeant au-delà de ce qui leur
est dû, ils font qu'on leur conteste même ce qu'on
devroit leur rendre.

En effet, on est moins touché de son élévation
quand on est né pour être grand: quiconque est
ébloui de ce degré éminent où la naissance et la
fortune l'ont placé, c'est-à-dire qu'il n'étoit pas
fait pour monter si haut. Les plus hautes places
sont toujours au-dessous des grandes ames; rien

ne les enfle et ne les éblouit, parceque rien n'est
plus haut qu'elles.

La fierté prend donc sa source dans la médiocrité, ou n'est plus qu'une ruse qui la cache ;
c'est une preuve certaine qu'on perdroit en se
montrant de trop près : on couvre de la fierté des
défauts et des foiblesses que la fierté trahit et
manifeste elle-même : on fait de l'orgueil le sup-
plément, si j'ose parler ainsi, du mérite ; et on ne
sait pas que le mérite n'a rien qui lui ressemble
moins que l'orgueil.

Aussi les plus grands hommes, Sire, et les
plus grands rois ont toujours été les plus affables.
Une simple femme thécuite venoit exposer sim-
plement à David ses chagrins domestiques ; et si
l'éclat du trône étoit tempéré par l'affabilité du
souverain, l'affabilité du souverain relevoit l'éclat
et la majesté du trône.

Nos rois, Sire, ne perdent rien à se rendre
accessibles : l'amour des peuples leur répond du
respect qui leur est dû. Le trône n'est élevé que
pour être l'asyle de ceux qui viennent implorer
votre justice ou votre clémence : plus vous en
rendez l'accès facile à vos sujets, plus vous en
augmentez l'éclat et la majesté. Et n'est-il pas
juste que la nation de l'univers qui aime le plus

ses maîtres, ait aussi plus de droit de les approcher? Montrez, SIRE, à vos peuples tout ce que le ciel a mis en vous de dons et de talents aimables ; laissez-leur voir de près le bonheur qu'ils attendent de votre regne. Les charmes et la majesté de votre personne, la bonté et la droiture de votre cœur, assureront toujours plus les hommages qui sont dus à votre rang, que votre autorité et votre puissance.

Ces princes invisibles et efféminés, ces Assuérus devant lesquels c'étoit un crime digne de mort pour Esther même d'oser paroître sans ordre, et dont la seule présence glaçoit le sang dans les veines des suppliants, n'étoient plus, vus de près, que de foibles idoles, sans ame, sans vie, sans courage, sans vertu, livrés dans le fond de leurs palais à de vils esclaves, séparés de tout commerce comme s'ils n'avoient pas été dignes de se montrer aux hommes, ou que des hommes faits comme eux n'eussent pas été dignes de les voir: l'obscurité et la solitude en faisoient toute la majesté.

Il y a dans l'affabilité une sorte de confiance en soi-même qui sied bien aux grands, qui fait qu'on ne craint point de s'avilir en s'abaissant, et qui est comme une espece de valeur et de cou-

rage pacifique ; c'est être foible et timide que
d'être inaccessible et fier.

D'ailleurs, SIRE, en quoi les princes et les
grands qui n'offrent jamais aux peuples qu'un
front sévere et dédaigneux sont plus inexcusables, c'est qu'il leur en coûte si peu de se con-
cilier les cœurs : il ne faut pour cela ni effort ni
étude ; une seule parole, un sourire gracieux, un
seul regard suffit. Le peuple leur compte tout ;
leur rang donne du prix à tout. La seule sérénité
du visage du roi, dit l'Écriture, est la vie et la
félicité des peuples ; et son air doux et humain
est pour les cœurs de ses sujets ce que la rosée
du soir est pour les terres seches et arides : *in
hilaritate vultús regis, vita ; et clementia ejus
quasi imber serotinus*[1].

Et peut-on laisser aliéner des cœurs qu'on peut
gagner à si bas prix? n'est-ce pas s'avilir soi-même
que de dépriser à ce point toute l'humanité? et
mérite-t-on le nom de grand, quand on ne sait
pas même sentir ce que valent les hommes?

La nature n'a-t-elle pas déja imposé une assez
grande peine aux peuples et aux malheureux, de
les avoir fait naître dans la dépendance et comme
dans l'esclavage? n'est-ce pas assez que la bas-

[1] Prov. c. 16, v. 15.

sesse ou le malheur de leur condition leur fasse
un devoir, et comme une loi, de ramper et de
rendre des hommages? faut-il encore leur aggra-
ver le joug par le mépris et par une fierté qui en
est si digne elle-même? Ne suffit-il pas que leur
dépendance soit une peine? faut-il encore les en
faire rougir comme d'un crime? et si quelqu'un
devoit être honteux de son état, seroit-ce le pauvre qui le souffre, ou le grand qui en abuse?

Il est vrai que souvent c'est l'humeur toute
seule, plutôt que l'orgueil, qui efface du front des
grands cette sérénité qui les rend accessibles et
affables : c'est une inégalité de caprice plus que
de fierté. Occupés de leurs plaisirs, et lassés des
hommages, ils ne les reçoivent plus qu'avec dégoût : il semble que l'affabilité leur devienne un
devoir importun, et qui leur est à charge. A force
d'être honorés, ils sont fatigués des honneurs
qu'on leur rend, et ils se dérobent souvent aux
hommages publics pour se dérober à la fatigue
d'y paroître sensibles. Mais qu'il faut être né dur
pour se faire même une peine de paroître humain! N'est-ce pas une barbarie, non seulement
de n'être pas touchés, mais de recevoir même avec
ennui les marques d'amour et de respect que nous
donnent ceux qui nous sont soumis? n'est-ce pas

déclarer tout haut qu'on ne mérite pas l'affection des peuples, quand on en rebute les plus tendres témoignages? Peut-on alléguer là-dessus les momens d'humeur et de chagrin que les soins de la grandeur et de l'autorité traînent après soi? L'humeur est-elle donc le privilege des grands, pour être l'excuse de leurs vices?

Hélas! s'il pouvoit être quelquefois permis d'être sombre, bizarre, chagrin, à charge aux autres et à soi-même, ce devroit être à ces infortunés que la faim, la misere, les calamités, les nécessités domestiques, et tous les plus noirs soucis, environnent : ils seroient bien plus dignes d'excuse si, portant déja le deuil, l'amertume, le désespoir souvent dans le cœur, ils en laissoient échapper quelques traits au-dehors. Mais que les grands, que les heureux du monde, à qui tout rit, et que les joies et les plaisirs accompagnent partout, prétendent tirer de leur félicité même un privilege qui excuse leurs chagrins bizarres et leurs caprices; qu'il leur soit plus permis d'être fâcheux, inquiets, inabordables, parcequ'ils sont plus heureux; qu'ils regardent comme un droit acquis à la prospérité d'accabler encore du poids de leur humeur des malheureux qui gémissent déja sous le joug de leur autorité et de leur puissance; grand Dieu! seroit-ce donc là le privilege des grands, ou la punition du mauvais usage qu'ils font de la grandeur? Car il est vrai que les caprices et les noirs chagrins semblent être le partage des grands; et l'innocence de la joie et de la sérénité n'est que pour le peuple.

Mais l'affabilité, qui prend sa source dans l'humanité, n'est pas une de ces vertus superficielles qui ne résident que sur le visage; c'est un sentiment qui naît de la tendresse et de la bonté du cœur. L'affabilité ne seroit plus qu'une insulte et une dérision pour les malheureux, si, en leur montrant un visage doux et ouvert, elle leur fermoit nos entrailles, et ne nous rendoit plus accessibles à leurs plaintes que pour nous rendre plus insensibles à leurs peines.

Les malheureux et les opprimés n'ont droit de les approcher que pour trouver auprès d'eux la protection qui leur manque. Oui, mes freres, les loix qui ont pourvu à la défense des foibles ne suffisent pas pour les mettre à couvert de l'injustice et de l'oppression: la misere ose rarement réclamer les loix établies pour la protéger, et le crédit souvent leur impose silence.

C'est donc aux grands à remettre le peuple sous la protection des loix: la veuve, l'orphelin, tous ceux qu'on foule et qu'on opprime, ont un droit acquis à leur crédit et à leur puissance; elle ne leur est donnée que pour eux; c'est à eux à porter au pied du trône les plaintes et les gémissements de l'opprimé : ils sont comme le canal de communication, et le lien des peuples avec le souverain, puisque le souverain n'est lui-même que le pere et le pasteur des peuples. Ainsi ce sont les peuples tout seuls qui donnent aux grands le droit qu'ils ont d'approcher du trône, et c'est pour les peuples tout seuls que le trône lui-même est élevé. En un mot, et les grands et le prince ne sont, pour ainsi dire, que les hommes du peuple.

Mais si, loin d'être les protecteurs de sa foiblesse, les grands et les ministres des rois en sont eux-mêmes les oppresseurs; s'ils ne sont plus que comme ces tuteurs barbares qui dépouillent eux-mêmes leurs pupilles; grand Dieu! les clameurs du pauvre et de l'opprimé monteront devant vous; vous maudirez ces races cruelles; vous lancerez vos foudres sur les géants; vous renverserez tout cet édifice d'orgueil, d'injustice et de prospérité, qui s'étoit élevé sur les débris de tant de malheureux; et leur prospérité sera ensevelie sous ses ruines.

Aussi la prospérité des grands et des ministres

des souverains, qui ont été les oppresseurs des peuples, n'a jamais porté que la honte, l'ignominie et la malédiction à leurs descendants. On a vu sortir de cette tige d'iniquité des rejetons honteux, qui ont été l'opprobre de leur nom et de leur siecle. Le Seigneur a soufflé sur l'amas de leurs richesses injustes, et l'a dissipé comme de la poussiere; et s'il laisse encore trainer sur la terre des restes infortunés de leur race, c'est pour les faire servir de monument éternel à ses vengeances, et perpétuer la peine d'un crime qui perpétue presque toujours avec lui l'affliction et la misere publique dans les empires.

La protection des foibles est donc le seul usage légitime du crédit et de l'autorité; mais les secours et les largesses qu'ils doivent trouver dans notre abondance forment le dernier caractere de l'humanité.

Oui, mes freres, si c'est Dieu seul qui vous a fait naitre ce que vous êtes, quel a pu être son dessein en répandant avec tant de profusion sur vous les biens de la terre? A-t-il voulu vous faciliter le luxe, les passions et les plaisirs qu'il condamne? sont-ce des présents qu'il vous ait faits dans sa colere? Si cela est, si c'est pour vous seuls qu'il vous a fait naitre dans la prospérité et dans l'opulence, jouissez-en, à la bonne heure ; faites-vous, si vous le pouvez, une injuste félicité sur la terre ; vivez comme si tout étoit fait pour vous ; multipliez vos plaisirs. Hâtez-vous de jouir, le temps est court. N'attendez plus rien au-delà que la mort et le jugement ; vous avez reçu ici bas votre récompense.

Mais si, dans les desseins de Dieu, vos biens doivent être les ressources et les facilités de votre salut, il ne laisse donc des pauvres et des malheureux sur la terre que pour vous ; vous leur tenez donc ici bas la place de Dieu même ; vous êtes, pour ainsi dire, leur providence visible : ils ont droit de vous réclamer, et de vous exposer leurs besoins ; vos biens sont leurs biens, et vos largesses le seul patrimoine que Dieu leur ait assigné sur la terre.

SECONDE PARTIE.

Et qu'y a-t-il dans votre état de plus digne d'envie que le pouvoir de faire des heureux ? Si l'humanité envers les peuples est le premier devoir des grands, n'est-elle pas aussi l'usage le plus délicieux de la grandeur ?

Quand toute la religion ne seroit pas elle-même un motif universel de charité envers nos freres, et que notre humanité à leur égard ne seroit payée que par le plaisir de faire des heureux et de soulager ceux qui souffrent, en faudroit-il davantage pour un bon cœur ? Quiconque n'est pas sensible à un plaisir si vrai, si touchant, si digne du cœur, il n'est pas né grand, il ne mérite pas même d'être homme. Qu'on est digne de mépris, dit saint Ambroise, quand on peut faire des heureux, et qu'on ne le veut pas ! *Infelix cujus in potestate est tantorum animas a morte defendere, et non est voluntas*[1].

Il semble même que c'est une malédiction attachée à la grandeur. Les personnes nées dans une fortune obscure et privée n'envient dans les grands que le pouvoir de faire des graces et de contribuer à la félicité d'autrui : on sent qu'à leur place on seroit trop heureux de répandre la joie et l'alégresse dans les cœurs en y répandant des bienfaits, et de s'assurer pour toujours leur amour et leur reconnoissance. Si, dans une condition médiocre, on forme quelquefois de ces desirs chimériques de parvenir à de grandes places, le premier usage qu'on se propose de cette nouvelle élévation, c'est d'être bienfaisant, et d'en faire part à tous ceux qui nous environnent : c'est la

(1) S. Ambr. in vita Nab. 13.

premiere leçon de la nature, et le premier sentiment que les hommes du commun trouvent en
eux. Ce n'est que dans les grands seuls qu'il est
éteint : il semble que la grandeur leur donne un
autre cœur, plus dur et plus insensible que celui
du reste des hommes; que plus on est à portée de
soulager des malheureux, moins on est touché
de leurs miseres ; que plus on est le maitre de
s'attirer l'amour et la bienveillance des hommes,
moins on en fait cas ; et qu'il suffit de pouvoir
tout, pour n'être touché de rien.

Mais quel usage plus doux et plus flatteur,
mes freres, pourriez-vous faire de votre élévation
et de votre opulence? Vous attirer des hommages?
mais l'orgueil lui-même s'en lasse. Commander
aux hommes et leur donner des loix? mais ce sont
là les soins de l'autorité, ce n'en est pas le plaisir.
Voir autour de vous multiplier à l'infini vos serviteurs et vos esclaves? mais ce sont des témoins
qui vous embarrassent et vous gênent, plutôt
qu'une pompe qui vous décore. Habiter des palais somptueux ? mais vous vous édifiez, dit Job,
des solitudes où les soucis et les noirs chagrins
viennent bientôt habiter avec vous. Y rassembler
tous les plaisirs ? ils peuvent remplir ces vastes
édifices, mais ils laisseront toujours votre cœur

vuide. Trouver tous les jours dans vôtre opulence
de nouvelles ressources à vos caprices? la variété
des ressources tarit bientôt; tout est bientôt épuisé; il faut revenir sur ses pas et recommencer
sans cesse ce que l'ennui rend insipide et ce que
l'oisiveté a rendu nécessaire. Employez tant qu'il
vous plaira vos biens et votre autorité à tous les
usages que l'orgueil et les plaisirs peuvent inven-
ter : vous serez rassasiés, mais vous ne serez pas
satisfaits; ils vous montreront la joie, mais ils ne
la laisseront pas dans votre cœur.

Employez-les à faire des heureux, à rendre la
vie plus douce et plus supportable à des infortunés que l'excès de la misere a peut-être réduits
mille fois à souhaiter, comme Job, que le jour qui
les vit naître eût été lui-même la nuit éternelle de
leur tombeau : vous sentirez alors le plaisir d'être
nés grands, vous goûterez la véritable douceur de
votre état; c'est le seul privilege qui le rend digne
d'envie. Toute cette vaine montre qui vous environne est pour les autres; ce plaisir est pour vous
seuls. Tout le reste a ses amertumes; ce plaisir
seul les adoucit toutes. La joie de faire du bien
est tout autrement douce et touchante que la joie
de le recevoir. Revenez-y encore, c'est un plaisir
qui ne s'use point; plus on le goûte, plus on se

rend digne de le goûter : on s'accoutume à sa prospérité propre, et on y devient insensible ; mais on sent toujours la joie d'être l'auteur de la prospérité d'autrui : chaque bienfait porte avec lui ce tribut doux et secret dans notre ame : le long usage qui endurcit le cœur à tous les plaisirs le rend ici tous les jours plus sensible.

Et qu'a la majesté du trône elle-même, SIRE, de plus délicieux que le pouvoir de faire des graces ? Que seroit la puissance des rois, s'ils se condamnoient à en jouir tout seuls ? une triste solitude, l'horreur des sujets, et le supplice du souverain. C'est l'usage de l'autorité qui en fait le plus doux plaisir ; et le plus doux usage de l'autorité, c'est la clémence et la libéralité qui la rendent aimable.

Nouvelle raison. Outre le plaisir de faire du bien, qui nous paie comptant de notre bienfait, montrez de la douceur et de l'humanité dans l'usage de votre puissance, dit l'Esprit de Dieu, et c'est la gloire la plus sûre et la plus durable où les grands puissent atteindre : *in mansuetudine opera tua perfice, et super hominum gloriam diligeris* [1].

Non, SIRE, ce n'est pas le rang, les titres, la

____
(1) Eccli. c. 5, v. 19.

puissance, qui rendent les souverains aimables ;
ce n'est pas même les talents glorieux que le
monde admire, la valeur, la supériorité du génie,
l'art de manier les esprits et de gouverner les
peuples ; ces grands talents ne les rendent aimables à leurs sujets qu'autant qu'ils les rendent humains et bienfaisants. Vous ne serez grand qu'autant que vous leur serez cher : l'amour des peuples a toujours été la gloire la plus réelle et la
moins équivoque des souverains ; et les peuples
n'aiment guere dans les souverains que les vertus qui rendent leur regne heureux.

Et, en effet, est-il pour les princes une gloire
plus pure et plus touchante que celle de régner
sur les cœurs ? La gloire des conquêtes est toujours souillée de sang ; c'est le carnage et la mort
qui nous y conduit ; et il faut faire des malheureux pour se l'assurer. L'appareil qui l'environne
est funeste et lugubre ; et souvent le conquérant
lui-même, s'il est humain, est forcé de verser des
larmes sur ses propres victoires.

Mais la gloire, Sire, d'être cher à son peuple
et de le rendre heureux, n'est environnée que de
la joie et de l'abondance : il ne faut point élever
de statues et de colonnes superbes pour l'immortaliser ; elle s'éleve dans le cœur de chaque sujet

un monument plus durable que l'airain et le bronze, parceque l'amour dont il est l'ouvrage est plus fort que la mort. Le titre de conquérant n'est écrit que sur le marbre; le titre de pere du peuple est gravé dans les cœurs.

Et quelle félicité pour le souverain de regarder son royaume comme sa famille, ses sujets comme ses enfants; de compter que leurs cœurs sont encore plus à lui que leurs biens et leurs personnes, et de voir, pour ainsi dire, ratifier chaque jour le premier choix de la nation qui éleva ses ancètres sur le trône! La gloire des conquêtes et des triomphes a-t-elle rien qui égale ce plaisir? Mais de plus, SIRE, si la gloire des conquérants vous touche, commencez par gagner les cœurs de vos sujets; cette conquête vous répond de celle de l'univers. Un roi cher à une nation valeureuse comme la vôtre n'a plus rien à craindre que l'excès de ses prospérités et de ses victoires.

Écoutez cette multitude que Jésus-Christ rassasie aujourd'hui dans le désert: ils veulent l'établir roi sur eux: *ut raperent eum, et facerent eum regem* [1]. Ils lui dressent déja un trône dans leur cœur, ne pouvant le faire remonter encore sur

(1) Joan. c. 6, v. 15.

celui de David et des rois de Juda ses ancêtres: ils ne reconnoissent son droit à la royauté que par son humanité. Ah! si les hommes se donnoient des maîtres, ce ne seroit ni les plus nobles ni les plus vaillants qu'ils choisiroient; ce seroit les plus tendres, les plus humains, des maîtres qui fussent en même temps leurs peres.

Heureuse la nation, grand Dieu, à qui vous destinez dans votre miséricorde un souverain de ce caractere! D'heureux présages semblent nous le promettre: la clémence et la majesté, peintes sur le front de cet auguste enfant, nous annoncent déja la félicité de nos peuples; ses inclinations douces et bienfaisantes rassurent et font croître tous les jours nos espérances. Cultivez donc, ô mon Dieu, ces premiers gages de notre bonheur: rendez-le aussi tendre pour ses peuples que le prince pieux auquel il doit la naissance, et que vous n'avez fait que montrer à la terre. Il ne vouloit régner, vous le savez, que pour nous rendre heureux; nos miseres étoient ses miseres, nos afflictions étoient les siennes; et son cœur ne faisoit qu'un cœur avec le nôtre. Que la clémence et la miséricorde croissent donc avec l'âge dans cet enfant précieux, et coulent en lui avec le sang d'un pere si humain et si miséricordieux! que la douceur et la majesté de son front soit toujours une image de celle de son ame! que son peuple lui soit aussi cher qu'il est lui-même cher à son peuple! qu'il prenne dans la tendresse de la nation pour lui la regle et la mesure de l'amour qu'il doit avoir pour elle! par là il sera aussi grand que son bisaïeul, plus glorieux que tous ses ancêtres, et son humanité sera la source de notre félicité sur la terre et de son bonheur dans le ciel.   Ainsi soit-il.

SERMON

POUR LE JOUR

DE L'INCARNATION.

SUR LES CARACTERES DE LA GRANDEUR DE JÉSUS-CHRIST.

Hic erit magnus.

Il sera grand. (Luc, c. 1, v. 32.)

SIRE,

Quand les hommes augurent d'un jeune prince qu'il sera grand, cette idée ne réveille en eux que des victoires et des prospérités temporelles ; ils n'établissent sa grandeur future que sur des malheurs publics ; et les mêmes signes qui annoncent l'éclat de sa gloire sont comme des présages sinistres qui ne promettent que des calamités au reste de la terre.

Mais ce n'est pas à ces marques vaines et lugubres de grandeur que l'ange annonce aujourd'hui à Marie que Jésus-Christ sera grand : le langage du ciel et de la vérité ne ressemble pas à l'erreur et à la vanité des adulations humaines, et Dieu ne parle point comme l'homme.

Jésus-Christ sera grand, parcequ'il sera le Saint et le Fils de Dieu, *Sanctum, vocabitur Filius Dei*[1]; parcequ'il sauvera son peuple, *ipse enim salvum faciet populum suum*[2]; parceque son regne ne finira plus, *et regni ejus non erit finis*[3]. Tels sont les caracteres de sa grandeur; une grandeur de sainteté, une grandeur de miséricorde, une grandeur de perpétuité et de durée.

Et voilà les caracteres de la véritable grandeur. Ce n'est pas, SIRE, dans l'élévation de la naissance, dans l'éclat des titres et des victoires, dans l'étendue de la puissance et de l'autorité, que les princes et les grands doivent la chercher: ils ne seront grands, comme Jésus-Christ, qu'autant qu'ils seront saints, qu'ils seront utiles aux peuples, et que leur vie et leur regne deviendra

(1) Luc. c. 1, v. 35.   (2) Matth. c. 1, v. 21.   (3) Luc. c. 1, v. 33.

un modele qui se perpétuera dans tous les siecles;
c'est-à-dire qu'ils auront comme Jésus-Christ une
grandeur de sainteté, une grandeur de miséricorde, une grandeur de perpétuité et de durée.

PREMIERE PARTIE.

SIRE,

L'ORIGINE éternelle de Jésus-Christ, son titre
de Fils de Dieu, qui est le titre essentiel de sa
sainteté, l'est aussi de sa grandeur et de son
éminence. Il n'est pas appellé grand parcequ'il
compte des rois et des patriarches parmi ses ancêtres, et que le sang le plus auguste de l'univers
coule dans ses veines; il est grand parcequ'il est
le Saint et le Fils du Très-Haut: toute sa grandeur a sa source dans le sein de Dieu, d'où il est
sorti; et le grand mystere de ses voies éternelles,
qui se manifeste aujourd'hui, va puiser tout son
éclat dans sa naissance divine.

Nous n'avons de grand que ce qui nous vient
de Dieu. Oui, mes freres, que les grands se van-
tent d'avoir comme Jésus-Christ des princes et
des rois parmi leurs ancêtres: s'ils n'ont point
d'autre gloire que celle de leurs aïeux, si toute

16

leur grandeur est dans leur nom, si leurs titres
sont leurs uniques vertus, s'il faut rappeller les
siecles passés pour les trouver dignes de nos hommages, leur naissance les avilit et les déshonore,
même selon le monde. On oppose sans cesse leur
nom à leur personne : le souvenir de leurs aïeux
devient leur opprobre : les histoires où sont écrites
les grandes actions de leurs peres ne sont plus que
des témoins qui déposent contre eux. On cherche
ces glorieux ancêtres dans leurs indignes successeurs, on redemande à leurs noms les vertus qui
ont autrefois honoré la patrie; et cet amas de gloire
dont ils ont hérité n'est plus qu'un poids de honte
qui les flétrit et qui les accable.

Cependant la plupart portent sur leur front
l'orgueil de leur origine. Ils comptent les degrés
de leur grandeur par des siecles qui ne sont plus,
par des dignités qu'ils ne possedent plus, par des
actions qu'ils n'ont point faites, par des aïeux dont
il ne reste qu'une vile poussiere, par des monuments que les temps ont effacés, et se croient au-
dessus des autres hommes, parcequ'il leur reste
plus de débris domestiques de la rapidité des
temps, et qu'ils peuvent produire plus de titres
que les autres hommes de la vanité des choses
humaines.

Sans doute une haute naissance est une prérogative illustre à laquelle le consentement des
nations a attaché de tout temps des distinctions
d'honneur et d'hommage ; mais ce n'est qu'un
titre, ce n'est pas une vertu ; c'est un engagement
à la gloire ; ce n'est pas elle qui la donne : c'est une
leçon domestique et un motif honorable de grandeur ; mais ce n'est pas ce qui nous fait grands :
c'est une succession d'honneur et de mérite ; mais
elle manque et s'éteint en nous dès que nous hé-
ritons du nom sans hériter des vertus qui l'ont
rendu illustre. Nous commençons, pour ainsi dire,
une nouvelle race ; nous devenons des hommes
nouveaux ; la noblesse n'est plus que pour notre
nom, et la roture pour notre personne.

Mais si, devant le monde même, la naissance
sans la vertu n'est plus qu'un vain titre qui nous
reproche sans cesse notre oisiveté et notre bassesse, qu'est-elle devant Dieu, qui ne voit de grand
et de réel en nous que les dons de sa grace et de
son esprit qu'il y a mis lui-même ?

C'est donc notre naissance selon la foi qui fait
le plus glorieux de tous nos titres. Nous ne sommes grands que parceque nous sommes, comme
Jésus-Christ, enfants de Dieu, et que nous sou-
tenons la noblesse et l'excellence d'une si haute

origine. C'est elle qui éleve le chrétien au-dessus des rois et des princes de la terre ; c'est par elle que nous entrons aujourd'hui dans tous les droits de Jésus-Christ, que tout est à nous, que tout l'univers n'est que pour nous, que les patriarches et tous les élus des siecles passés sont nos ancêtres, que nous devenons héritiers d'un royaume éternel, que nous jugerons les anges et les hommes, et que nous verrons un jour à nos pieds toutes les nations et les puissances du siecle.

Telle est, SIRE, la prérogative des enfants de Dieu. Aussi nos rois ont mis le titre de chrétien à la tête de tous les titres qui entourent et ennoblissent leur couronne ; et le plus saint de vos prédécesseurs n'alloit pas chercher la source et l'origine de sa grandeur dans le nombre des villes et des provinces soumises à son empire, mais dans le lieu seul où il avoit été mis par le baptême au nombre des enfants de Dieu.

Mais, SIRE, ce n'est pas assez, dit saint Jean, d'en porter le nom, il faut l'étre en effet : *ut filii Dei nominemur et simus*[1]. Si les enfants des rois, dégénérant de leur auguste naissance, n'avoient que des inclinations basses et vulgaires ; s'ils se proposoient la fortune d'un vil artisan comme

(1) S. Joan. ep. 1, c. 3, v. 1.

l'objet le plus digne de leur cœur, et seul capable de remplir leurs grandes destinées ; si, perdant de vue le trône où ils doivent un jour être élevés, ils ne connoissoient rien de plus grand que de ramper dans la boue, et d'être confondus par leurs sentiments et leurs occupations avec la plus vile populace ; quel opprobre pour leur nom et pour la nation qui attendroit de tels maitres !

Tels, et encore plus coupables, Sire, sont les enfants de Dieu quand ils se dégradent jusqu'à vivre comme les enfants du siecle. La grace de votre baptême vous a élevé encore plus haut que la gloire de votre naissance, quoiqu'elle soit la plus auguste de l'univers. Par celle-ci vous n'êtes qu'un roi temporel ; l'autre vous rend héritier d'un royaume éternel. La premiere ne vous fait que l'enfant des rois ; par l'autre vous êtes devenu l'enfant de Dieu. Tous les jours nous voyons croitre et se développer dans votre majesté des sentiments et des inclinations dignes de la naissance que vous avez eue des rois vos ancêtres ; mais ce ne seroit rien, si vous n'en montriez encore qui répondissent à la grandeur de la naissance que vous tenez de Dieu, lequel vous a mis par le baptême au nombre de ses enfants.

Or, par tout ce qu'exige une naissance royale,

jugez, SIRE, de ce que doit exiger une naissance toute divine. Si les enfants des rois doivent être au-dessus des autres hommes ; si la moindre bassesse les déshonore ; si le plus léger défaut de courage est une tache qui flétrit tout l'éclat de leur naissance ; si on leur fait un crime d'une simple inégalité d'humeur ; s'il faut qu'ils soient plus vaillants, plus sages, plus circonspects, plus doux, plus affables, plus humains, plus grands que le reste des hommes ; si le monde exige tant des enfants de la terre : qu'est-ce que Dieu ne doit pas demander des enfants du ciel ! quelle innocence, quelle pureté de desirs, quelle élévation de sentiments, quelle supériorité au-dessus des sens et des passions, quel mépris pour tout ce qui n'est pas éternel ! qu'il faut être grand pour soutenir l'éminence d'une si haute origine ! Premier caractere de la grandeur de Jésus-Christ, une grandeur de sainteté : *hic erit magnus, et filius Altissimi vocabitur.*

SECONDE PARTIE.

MAIS, en second lieu, il sera grand, parcequ'il sauvera son peuple, *ipse enim salvum faciet populum suum* ; second caractere de sa grandeur, une grandeur de miséricorde.

Il ne descend sur la terre que pour combler les hommes de ses bienfaits. Nous étions sous la servitude et sous la malédiction ; et il vient rompre nos chaînes et nous mettre en liberté. Nous étions ennemis de Dieu et étrangers à ses promesses ; et il vient nous réconcilier avec lui, et nous rendre concitoyens des saints et enfants d'une nouvelle alliance. Nous vivions sans loi, sans joug, sans Dieu dans ce monde ; et il vient être notre loi, notre vérité, notre justice, et répandre l'abondance de ses dons et de ses graces sur tout l'univers. En un mot, il vient renouveler toute la nature, sanctifier ce qui étoit souillé, fortifier ce qui étoit foible, sauver ce qui étoit perdu, réunir ce qui étoit divisé. Quelle grandeur ! car il n'y a rien de si grand que de pouvoir être utile à tous les hommes.

Et telle est la grandeur où les princes et les souverains, et tout ce qui porte le nom de grand sur la terre, doit aspirer : ils ne peuvent être grands qu'en se rendant utiles aux peuples, et leur portant, comme Jésus-Christ, la liberté, la paix et l'abondance.

Je dis la liberté, non celle qui favorise les passions et la licence : c'est un nouveau joug et une servitude honteuse que ce funeste libertinage ; et la regle des mœurs est le premier principe de la

félicité et de l'affermissement des empires. Ce
n'est pas celle encore, ou qui s'éleve contre l'autorité légitime, ou qui veut partager avec le souverain celle qui réside en lui seul, et, sous prétexte de la modérer, l'anéantir et l'éteindre. Il n'y
a de bonheur pour les peuples que dans l'ordre et
dans la soumission. Pour peu qu'ils s'écartent du
point fixe de l'obéissance, le gouvernement n'a
plus de regle; chacun veut être à lui-même sa loi;
la confusion, les troubles, les dissensions, les at-
tentats, l'impunité, naissent bientôt de l'indépendance: et les souverains ne sauroient rendre leurs
sujets heureux qu'en les tenant soumis à l'autorité, et leur rendant en même temps l'assujettissement doux et aimable.

La liberté, SIRE, que les princes doivent à
leurs peuples, c'est la liberté des loix. Vous êtes
le maître de la vie et de la fortune de vos sujets;
mais vous ne pouvez en disposer que selon les
loix. Vous ne connoissez que Dieu seul au-dessus
de vous, il est vrai; mais les loix doivent avoir
plus d'autorité que vous-même. Vous ne commandez pas à des esclaves; vous commandez à
une nation libre et belliqueuse, aussi jalouse de
sa liberté que de sa fidélité, et dont la soumission
est d'autant plus sûre, qu'elle est fondée sur l'a-

mour qu'elle a pour ses maîtres. Ses rois peuvent tout sur elle, parceque sa tendresse et sa fidélité ne mettent point de bornes à son obéissance ; mais il faut que ses rois en mettent eux-mêmes à leur autorité, et que plus son amour ne connoit point d'autre loi qu'une soumission aveugle, plus ses rois n'exigent de sa soumission que ce que les loix leur permettent d'en exiger : autrement ils ne sont plus les peres et les protecteurs de leurs peuples, ils en sont les ennemis et les oppresseurs ; ils ne regnent pas sur leurs sujets, ils les subjuguent.

La puissance de votre auguste bisaïeul sur la nation a passé celle de tous les rois vos ancêtres : un regne long et glorieux l'avoit affermie ; sa haute sagesse la soutenoit ; et l'amour de ses sujets n'y mettoit presque plus de bornes. Cependant il a su plus d'une fois la faire céder aux loix, les prendre pour arbitres entre lui et ses sujets, et soumettre noblement ses intérêts à leurs décisions.

Ce n'est donc pas le souverain, c'est la loi, Sire, qui doit régner sur les peuples. Vous n'en êtes que le ministre et le premier dépositaire. C'est elle qui doit régler l'usage de l'autorité ; et c'est par elle que l'autorité n'est plus un joug pour les sujets, mais une regle qui les conduit, un secours qui les protege, une vigilance paternelle qui ne s'assure leur soumission que parcequ'elle s'assure leur tendresse. Les hommes croient être libres quand ils ne sont gouvernés que par les loix : leur soumission fait alors tout leur bonheur, parcequ'elle fait toute leur tranquillité et toute leur confiance : les passions, les volontés injustes, les desirs excessifs et ambitieux que les princes mêlent à l'usage de l'autorité, loin de l'étendre, l'affoiblissent : ils deviennent moins puissants dès qu'ils veulent l'être plus que les loix ; ils perdent en croyant gagner. Tout ce qui rend l'autorité injuste et odieuse l'énerve et la diminue : la source de leur puissance est dans le cœur de leurs sujets ; et quelque absolus qu'ils paroissent, on peut dire qu'ils perdent leur véritable pouvoir dès qu'ils perdent l'amour de ceux qui les servent.

J'ai dit encore la paix et l'abondance, qui sont toujours les fruits heureux de la liberté dont nous venons de parler : et voilà les biens que Jésus-Christ vient apporter sur la terre ; il n'est grand que parcequ'il est le bienfaiteur de tous les hommes.

Oui, Sire, il faut être utile aux hommes pour

être grand dans l'opinion des hommes. C'est la reconnoissance qui les porta autrefois à se faire des dieux mêmes de leurs bienfaiteurs : ils adorerent la terre qui les nourrissoit, le soleil qui les éclairoit, des princes bienfaisants, un Jupiter roi de Crete, un Osiris roi d'Égypte, qui avoient donné des loix sages à leurs sujets, qui avoient été les peres de leurs peuples, et les avoient rendus heureux pendant leur regne : l'amour et le respect qu'inspire la reconnoissance fut si vif, qu'il dégénéra même en culte.

Il faut mettre les hommes dans les intérêts de notre gloire, si nous voulons qu'elle soit immortelle ; et nous ne pouvons les y mettre que par nos bienfaits. Les grands talents et les titres qui nous élevent au-dessus d'eux, et qui ne font rien à leur bonheur, les éblouissent sans les toucher, et deviennent plutôt l'objet de l'envie que de l'affection et de l'estime publique. Les louanges que nous donnons aux autres se rapportent toujours par quelque endroit à nous-mêmes ; c'est l'intérêt ou la vanité qui en sont les sources secretes ; car tous les hommes sont vains et n'agissent presque que pour eux, et d'ordinaire ils n'aiment pas à donner en pure perte des louanges qui les humilient, et qui sont comme des aveux publics de la

supériorité qu'on a sur eux : mais la reconnoissance l'emporte sur la vanité, et l'orgueil souffre
sans peine que nos bienfaiteurs soient en même
temps nos supérieurs et nos maîtres.

Non, Sire, un prince qui n'a eu que des vertus militaires n'est pas assuré d'être grand dans la
postérité. Il n'a travaillé que pour lui ; il n'a rien
fait pour ses peuples ; et ce sont les peuples qui
assurent toujours la gloire et la grandeur du souverain. Il pourra passer pour un grand conquérant ; mais on ne le regardera jamais comme un
grand roi : il aura gagné des batailles ; mais il
n'aura pas gagné le cœur de ses sujets : il aura
conquis des provinces étrangeres ; mais il aura
épuisé les siennes : en un mot, il aura conduit ha-
bilement des armées ; mais il aura mal gouverné
ses sujets.

Mais, Sire, un prince qui n'a cherché sa gloire
que dans le bonheur de ses sujets, qui a préféré
la paix et la tranquillité, qui seule peut les rendre
heureux , à des victoires qui n'eussent été que
pour lui seul, et qui n'auroient abouti qu'à flatter sa vanité ; un prince qui ne s'est regardé que
comme l'homme de ses peuples, qui a cru que
ses trésors les plus précieux étoient les cœurs de
ses sujets ; un prince qui, par la sagesse de ses .

loix et de ses exemples, a banni les désordres de
son état, corrigé les abus, conservé la bienséance
des mœurs publiques, maintenu chacun à sa place,
réprimé le luxe et la licence, toujours plus funestes aux empires que les guerres et les calamités les plus tristes ; rendu au culte et à la religion
de ses peres l'autorité, l'éclat, la majesté, l'uniformité qui en perpétuent le respect parmi les peuples ; maintenu le sacré dépôt de la foi contre
toutes les entreprises des esprits indociles et inquiets ; qui a regardé ses sujets comme ses enfants,
son royaume comme sa famille ; et qui n'a usé de
sa puissance que pour la félicité de ceux qui la lui
avoient confiée : un prince de ce caractere sera
toujours grand, parcequ'il l'est dans le cœur des
peuples. Les peres raconteront à leurs enfants le
bonheur qu'ils eurent de vivre sous un si bon
maître ; ceux-ci le rediront à leurs neveux ; et
dans chaque famille ce souvenir, conservé d'âge
en âge, deviendra comme un monument domestique élevé dans l'enceinte des murs paternels,
qui perpétuera la mémoire d'un si bon roi dans
tous les siecles.

Non, Sire, ce ne sont pas les statues et les
inscriptions qui immortalisent les princes ; elles
deviennent tôt ou tard le triste jouet des temps

et de la vicissitude des choses humaines. En vain
Rome et la Grece avoient autrefois multiplié à
l'infini les images de leurs rois et de leurs césars,
et épuisé toute la science de l'art pour les rendre
plus précieuses aux siecles suivants ; de tous ces
monuments superbes, à peine un seul est venu
jusqu'à nous. Ce qui n'est écrit que sur le marbre
et sur l'airain est bientôt effacé ; ce qui est écrit
dans les cœurs demeure toujours.

TROISIEME PARTIE.

Aussi le dernier caractere de la grandeur de
Jésus-Christ, c'est la durée et la perpétuité de son
regne : *et regni ejus non erit finis.* Il étoit hier, il
est aujourd'hui, et il sera dans tous les siecles : ses
bienfaits perpétueront sa royauté et sa puissance.
Les hommes de tous les temps le reconnoîtront,
l'adoreront comme leur chef, leur libérateur, leur
pontife toujours vivant, et qui s'offre toujours
pour nous à son pere : il sera même le prince de
l'éternité, il régnera sur tous les élus dans le ciel,
et l'église triomphante ne sera pas moins son
royaume et son héritage que celle qui combat sur
la terre. C'est ici une grandeur de perpétuité et
de durée.

En effet, la gloire qui doit finir avec nous est

toujours fausse. Elle étoit donnée à nos titres plus qu'à nos vertus : c'étoit un faux éclat qui environnoit nos places, mais qui ne sortoit pas de nous-mêmes. Nous étions sans cesse entourés d'admirateurs, et vuides au-dedans des qualités qu'on admire. Cette gloire étoit le fruit de l'erreur et de l'adulation, et il n'est pas étonnant de la voir finir avec elles. Telle est la gloire de la plupart des princes et des grands. On honore leurs cendres encore fumantes d'un reste d'éloge; on ajoute encore cette vaine décoration à celle de leur pompe funebre. Mais tout s'éclipse et s'évanouit le lendemain : on a honte des louanges qu'on leur a données ; c'est un langage suranné et insipide qu'on n'oseroit plus parler ; on en voit presque rougir les monuments publics où elles sont encore écrites, et où elles ne semblent subsister que pour rappeller publiquement un souvenir qui les désavoue. Ainsi les adulations ne survivent jamais à leurs héros; et les éloges mercénaires, loin d'immortaliser la gloire des princes, n'immortalisent que la bassesse, l'intérêt et la lâcheté de ceux qui ont été capables de les donner.

Pour connoître la grandeur véritable des souverains et des grands, il faut la chercher dans les siecles qui sont venus après eux. Plus même ils s'éloignent de nous, plus leur gloire croît et s'affermit lorsqu'elle a pris sa source dans l'amour des peuples. On dispute encore aujourd'hui à un de vos plus vaillants prédécesseurs les éloges magnifiques que son siecle lui donna à l'envi ; et malgré la gloire de Marignan, on doute si la valeur doit le faire compter parmi les grands rois qui ont occupé votre trône : et avec moins de ces talents brillants qui font les héros, et plus de ces vertus pacifiques qui font les bons rois, son prédécesseur sera toujours grand dans nos histoires, parcequ'il sera toujours cher à la nation dont il fut le pere. On ne compte pour rien les éloges donnés aux souverains pendant leur regne, s'ils ne sont répétés sous les regnes suivants. C'est là que la postérité, toujours équitable, ou les dégrade d'une gloire dont ils n'étoient redevables qu'à leur puissance et à leur rang, ou leur conserve un rang qu'ils dûrent à leur vertu bien plus qu'à leur puissance. Il faut, SIRE, que la vie d'un grand roi puisse être proposée comme une regle à ses successeurs, et que son regne devienne le modele de tous les regnes à venir : c'est par là qu'il sera, si je l'ose dire, éternel comme le regne de Jésus-Christ : *et regni ejus non erit finis.*

Le regne de David fut toujours le modele des

bons rois de Juda, et sa durée égala celle du trône de Jérusalem. Ce ne furent pas ses victoires toutes seules qui le rendirent le modele des rois ses successeurs : Saül en avoit remporté comme lui sur les Philistins et sur les Amalécites. Ce fut sa piété envers Dieu, son amour pour son peuple, son zele pour la loi et pour la religion de ses peres, sa soumission à Dieu dans les disgraces, sa modération dans la victoire et dans la prospérité, son respect pour les prophetes qui venoient de la part de Dieu l'avertir de ses devoirs et lui ouvrir les yeux sur ses foiblesses, les larmes publiques de pénitence et de piété dont il baigna son trône pour expier le scandale de sa chûte, les richesses immenses qu'il amassa pour élever un temple au Dieu de ses peres, sa confiance dans le grand prêtre et dans les ministres du culte saint, le soin qu'il prit d'inspirer à son fils Salomon les maximes de la vertu et de la sagesse, et enfin le bon ordre et la justice des loix qu'il établit dans tout Israël.

Voilà, SIRE, la grandeur que votre majesté doit se proposer. Régnez de maniere que votre regne puisse être éternel ; que non seulement il vous assure la royauté immortelle des enfants de Dieu, mais encore que dans tous les âges qui suivront on vous propose aux princes vos successeurs comme le modele des bons rois.

Ce ne sera pas seulement en remportant des victoires que vous deviendrez un grand roi ; ce sera votre amour pour vos peuples, votre fidélité envers Dieu, votre zele pour la religion de vos peres, votre attention à rendre vos sujets heureux, qui feront de votre regne le plus bel endroit de nos histoires, et le modele de tous les regnes à venir.

Aimez vos peuples, SIRE ; et que ces mêmes paroles si souvent portées à vos oreilles trouvent toujours un accès favorable dans votre cœur. Soyez tendre, humain, affable, touché de leurs miseres, compatissant à leurs besoins ; et vous serez un grand roi, et la durée de votre regne égalera celle de la monarchie. Dieu vous a établi sur une nation qui aime ses princes, et qui par cela seul mérite d'en être aimée. Dans un royaume où les peuples naissent, pour ainsi dire, bons sujets, il faut que les souverains en naissant naissent de bons maîtres. Vous voyez déja tous les cœurs voler après vous. SIRE, l'amour ne peut se payer que par l'amour ; et vous ne seriez pas digne de la tendresse de vos sujets, si vous leur refusiez la vôtre.

Il n'y a point d'autre gloire pour les rois : leur grandeur est toute dans l'amour de leurs peuples ; ce sont eux qui perpétuent de siecle en siecle la mémoire des bons princes. Et quelle gloire en effet pour un roi de régner encore après sa mort sur les cœurs de ses sujets ! d'être sûr que, dans tous les temps à venir, les peuples, ou regretteront de n'avoir pas vécu sous son regne, ou se féliciteront d'avoir un roi qui lui ressemble ! Quelle gloire, SIRE, de faire dire de soi dans toute la suite des siecles, comme la reine de Saba le disoit de Salomon : Heureux ceux qui le virent, et qui vécurent sous la douceur de ses loix et de son empire ! Heureux l'âge qui montra à la terre un si bon maître ! Heureuses les villes et les campagnes qui virent revivre sous son regne l'abondance, la paix, la joie, la justice, l'innocence des âges les plus fortunés ! Heureuse la nation que le ciel favorisera un jour d'un prince qui lui soit semblable !

Grand Dieu ! c'est vous seul qui donnez les bons rois aux peuples ; et c'est le plus grand don que vous puissiez faire à la terre. Vous tenez encore entre vos mains l'enfant auguste que vous destinez à la monarchie. Son âge, son innocence, le laissent encore l'ouvrage commencé de vos miséricordes. Il n'est pas encore sorti de dessous la main qui le forme et qui l'acheve. Grand Dieu! il est encore temps, formez-le pour le bonheur des peuples à qui vous l'avez réservé; et que cette priere, si souvent ici renouvellée, ne lasse pas votre bonté, puisqu'elle intéresse si fort le salut et la félicité d'une nation que vous avez toujours protégée!

C'est sous les bons rois que votre culte s'affermit, que la foi triomphe des erreurs, que l'affreuse incrédulité est bannie ou obligée de se cacher, que les nouvelles doctrines sont proscrites, que les esprits rebelles ne trouvent de protection et de sûreté que dans l'obéissance et dans l'unité; que vos ministres, paisibles dans l'exercice de leurs fonctions, et veillant sans cesse à la conservation du dépôt, voient l'autorité de l'empire donner les mains à celle du sacerdoce; et que tous les cœurs, déja réunis au pied du trône, portent la même union et la même concorde au pied des autels. Ajoutez donc en lui de jour en jour, ô mon Dieu, de ces traits heureux qui promettent de bons rois à leurs peuples; que l'ouvrage de vos miséricordes croisse et se développe tous les jours en lui avec ses années. Nous ne vous demandons pas qu'il devienne le vainqueur de l'Europe; nous

vous demandons qu'il soit le pere de son peuple.
C'est la puissance de votre bras qui nous l'a conservé, en frappant autour de son berceau tout le
reste de sa famille royale; que ce soit elle qui nous
le forme et qui nous le prépare. Il est, comme
Moïse, l'enfant sauvé des funérailles de toute sa
race; qu'il soit comme lui le sauveur et le libérateur de son peuple; et que ce premier prodige,
qui l'a retiré du sein de la mort, soit pour nous
le présage assuré de ceux que vous nous faites
espérer sous son empire.   Ainsi soit-il.

SERMON
POUR LE DIMANCHE
DE LA PASSION.

SUR LA FAUSSETÉ DE LA GLOIRE HUMAINE.

Sɪ ego glorifico meipsum, gloria mea nihil est.

Sɪ je me glorifie moi-même, ma gloire n'est rien.
(Jean, c. 8, v. 54.)

Sɪʀᴇ,

Sɪ la gloire du monde, sans la crainte de Dieu, étoit quelque chose de réel, quel homme jusques-là avoit paru sur la terre qui eût plus de lieu de se glorifier lui-même que Jésus-Christ ?

Outre la gloire de descendre d'une race royale, et de compter les David et les Salomon parmi ses ancêtres, avec quel éclat n'avoit-il pas paru dans le monde !

Suivez-le dans tout le cours de sa vie : toute la nature lui obéit ; les eaux s'affermissent sous ses pieds ; les morts entendent sa voix ; les démons, frappés de sa puissance, vont se cacher loin de lui ; les cieux s'ouvrent sur sa tête, et annoncent eux-mêmes aux hommes sa gloire et sa magnificence ; la boue entre ses mains rend la lumiere aux aveugles ; tous les lieux par où il passe ne sont marqués que par ses prodiges : il lit dans les cœurs ; il voit l'avenir comme le présent ; il entraine après lui les villes et les peuples : personne avant lui n'avoit parlé comme il parle ; et charmées de son éloquence céleste, les femmes de Juda appellent heureuses les entrailles qui l'ont porté.

Quel homme s'étoit jamais montré sur la terre environné de tant de gloire ? et cependant il nous apprend que s'il se l'attribue à lui-même, et que sa gloire ne soit qu'une gloire humaine, sa gloire n'est plus rien : *si ego glorifico meipsum, gloria mea nihil est.*

La probité mondaine, les grands talents, les

succès éclatants, ne sont donc plus rien, dès qu'ils ne sont que les vertus de l'homme; et il n'y a point de gloire véritable sans la crainte de Dieu. C'est ce qui va faire le sujet de ce discours.

PREMIERE PARTIE.

SIRE,

Il y a long-temps que les hommes, toujours vains, font leur idole de la gloire: ils la perdent la plupart en la cherchant, et croient l'avoir trouvée quand on donne à leur vanité les louanges qui ne sont dues qu'à la vertu.

Il n'est point de prince ni de grand, malgré la bassesse et le déréglement de ses mœurs et de ses penchants, à qui de vaines adulations ne promettent la gloire et l'immortalité, et qui ne compte sur les suffrages de la postérité, où son nom même ne passera peut-être pas, et où du moins il ne sera connu que par ses vices. Il est vrai que le monde, qui avoit élevé ces idoles de boue, les renverse lui-même le lendemain, et qu'il se venge à loisir dans les âges suivants, par la liberté de ses censures, de la contrainte et de l'injustice de ses éloges.

Il n'attend pas même si tard : les applaudissements publics qu'on donne à la plupart des grands
pendant leur vie sont presque toujours à l'instant
démentis par les jugements et les discours secrets. Leurs louanges ne font que réveiller l'idée
de leurs défauts ; et à peine sorties de la bouche
même de celui qui les publie, elles vont, s'il m'est
permis de parler ainsi, expirer dans son cœur qui
les désavoue.

Mais si la gloire humaine est presque toujours
dégradée devant le tribunal même du monde, au-
roit-elle quelque chose de plus réel aux yeux de
Dieu, devant qui il n'y a de véritables grands
que ceux qui le craignent ? *Qui autem timent te,
magni erunt apud te per omnia* [1].

Et pour mettre cette vérité dans un point de
vue qui nous la montre tout entiere, remarquez,
je vous prie, mes freres, que les hommes ont de
tout temps établi la gloire dans l'honneur et la
probité, dans l'éminence et la distinction des talents, et enfin dans les succès éclatants.

Or, sans la crainte de Dieu toute probité humaine est ou fausse, ou du moins elle n'est pas
sûre : les plus grands talents deviennent dangereux, ou à celui qui s'en glorifie, ou à ceux auprès

______

(1) Judith, c. 16, v. 19.

desquels il en fait usage : et enfin les succès les plus éclatants, ou prennent leur source dans le crime, ou ne sont souvent que des crimes éclatants eux-mêmes : *si ego glorifico meipsum, gloria mea nihil est.*

Je dis premièrement que la probité humaine, sans la crainte de Dieu, est presque toujours fausse, ou du moins qu'elle n'est jamais sûre.

Je sais que le monde se vante d'un fantôme d'honneur et de probité indépendant de la religion : il croit qu'on peut être fidele aux hommes sans être fidele à Dieu ; être orné de toutes les vertus que demande la société sans avoir celles qu'exige l'évangile ; et en un mot être honnête homme sans être chrétien.

On pourroit laisser au monde cette foible consolation, ne pas lui disputer une gloire aussi vaine et aussi frivole que lui-même, et, puisqu'il renonce aux vertus des saints, lui passer du moins celles des hommes. C'est l'attaquer par son endroit sensible et dans son dernier retranchement, de vouloir lui ôter le seul nom de bien qui lui reste et qui le console de la perte de tous les autres, et de le déposséder d'un honneur et d'une probité qu'il croit n'appartenir qu'à lui seul, et qu'il dispute même souvent aux justes.

Ne le troublons donc pas dans une possession si paisible et en même temps si injuste. Convenons qu'au milieu de la dépravation et de la décadence des mœurs publiques, le monde a encore sauvé du débris des restes d'honneur et de droiture; que malgré les vices et les passions qui les dominent, paroissent encore sous ses étendards des hommes fideles à l'amitié, zélés pour la patrie, rigides amateurs de la vérité, esclaves religieux de leur parole, vengeurs de l'injustice, protecteurs de la foiblesse; en un mot, partisans du plaisir, et néanmoins sectateurs de la vertu.

Voilà les justes du monde, ces héros d'honneur et de probité qu'il fait tant valoir, qu'il oppose même tous les jours avec une espece d'insulte et d'ostentation aux véritables justes de l'évangile. Il les dégrade pour élever son idole: il se vante que l'honneur et la véritable probité ne résident que chez lui. Il nous laisse l'obscurité, les petitesses, les travers, et tout le faux de la vertu, et s'en arroge à lui-même l'héroïsme et la gloire. Mais qu'il seroit aisé de venger l'honneur de Dieu contre le culte vain et pompeux que le monde rend à son idole! Il n'y auroit qu'à souffler sur cet édifice d'orgueil et de vanité, à peine en retrouveriez-vous les foibles vestiges.

Ces hommes vertueux, dont le monde se fait tant d'honneur, n'ont au fond souvent pour eux que l'erreur publique. Amis fideles, je le veux; mais c'est le goût, la vanité ou l'intérêt qui les lie, et dans leurs amis ils n'aiment qu'eux-mêmes. Bons citoyens, il est vrai; mais la gloire et les honneurs qui nous reviennent en servant la patrie sont l'unique lien et le seul devoir qui les attachent. Amateurs de la vérité, je l'avoue; mais ce n'est pas elle qu'ils cherchent, c'est le crédit et la confiance qu'elle leur acquiert parmi les hommes. Observateurs de leur parole; mais c'est un orgueil qui trouveroit de la lâcheté et de l'inconstance à se dédire, ce n'est pas une vertu qui se fait une religion de ses promesses. Vengeurs de l'injustice; mais en la punissant dans les autres, ils ne veulent que publier qu'ils n'en sont pas capables eux-mêmes. Protecteurs de la foiblesse; mais ils veulent avoir des panégyristes de leur générosité, et les éloges des opprimés sont ce que leur offrent de plus touchant leur oppression et leur misere. En un mot, dit l'Écriture, on les appelle miséricordieux: ils ont toutes les vertus pour le public; mais n'étant pas fideles à Dieu, ils n'en ont pas une seule pour eux-mêmes: ¹ *multi homines mise-*

(1) Prov. c. 20, v. 6.

*ricordes vocantur; virum autem fidelem quis in-
veniet?*

Mais quand la probité du monde ne seroit pas
presque toujours fausse, il faudroit convenir du
moins qu'elle n'est jamais sûre. La religion toute
seule assure la vertu, parceque les motifs qu'elle
nous fournit sont par-tout les mêmes. La honte
et l'opprobre en seroient le prix devant les hommes, qu'elle n'en paroîtroit que plus belle et plus
glorieuse à l'homme de bien. Sa vie même seroit
en péril, qu'il ne voudroit pas la racheter aux dépens de sa vertu. Le secret et l'impunité ne sont
pas pour lui des attraits pour le vice, puisque
Dieu est le seul témoin qu'il craint; et le reproche
de sa conscience, la seule peine qui l'afflige. La
gloire même et les acclamations publiques le sol-
liciteroient à une entreprise ambitieuse et injuste,
qu'il préféreroit le devoir et la regle qui la condamnent, aux applaudissements de l'univers qui
l'approuve. Enfin, changez tant qu'il vous plaira
les situations d'un véritable juste : le monde peut
varier à son égard; les suffrages publics qui l'élevent aujourd'hui peuvent demain le dégrader et
l'abattre; sa fortune peut changer, mais sa vertu
ne changera point avec sa fortune.

Il ne s'agit pas ici de nous alléguer des exemples où la piété la plus estimée s'est démentie plus d'une fois. Outre que le monde est plein de faux justes, et que tous ceux qui en portent le nom aux yeux des hommes n'en ont pas le mérite devant Dieu, c'a été de tout temps l'injustice du monde d'attribuer à la vertu les foiblesses de l'homme. Le juste peut tomber: mais la vertu seule peut le défendre ou le relever de ses chûtes; elle seule marche sûrement, parceque les principes sur lesquels elle s'appuie sont toujours les mêmes. Les occasions ne l'autorisent pas contre le devoir, parceque les occasions ne changent jamais rien aux regles. La lumiere et les regards publics sont pour elle comme la solitude et les ténebres. En un mot, elle ne compte les hommes pour rien, parceque Dieu seul, qui la voit, doit être son juge.

Trouvez, si vous le pouvez, la même sûreté dans les vertus humaines. Nées le plus souvent dans l'orgueil et dans l'amour de la gloire, elles y trouvent un moment après leur tombeau. Formées par les regards publics, elles vont s'éteindre le lendemain, comme ces feux passagers, dans le secret et dans les ténebres. Appuyées sur les circonstances, sur les occasions, sur les jugements des hommes, elles tombent sans cesse avec ces

appuis fragiles. Les tristes fruits de l'amour-pro-
pre, elles sont toujours sous l'inconstance de son
empire. Enfin, le foible ouvrage de l'homme, elles
ne sont, comme lui, à l'épreuve de rien.

Qu'il s'offre à ce vertueux du siecle une occasion sûre de décréditer un ennemi ou de supplan-
ter un concurrent; pourvu qu'il conserve la réputation et la gloire de la modération, il sera peu
touché d'en avoir le mérite. Que sa vengeance
n'intéresse point son honneur, elle ne sera plus
indigne de sa vertu. Placez-le dans une situation
où il puisse accorder sa passion avec l'estime publique, il ne s'embarrassera pas de l'accorder avec
son devoir. En un mot, qu'il passe toujours pour
homme de bien, c'est la même chose pour lui que
de l'être.

Tout Israël paroît applaudir d'abord à la révolte d'Absalom. Achitophel, cet homme si sage
et si vertueux dans l'estime publique, et dont les
conseils étoient regardés comme les conseils de
Dieu, préfere pourtant le parti du crime, où il
trouve les suffrages publics et l'espérance de son
élévation, à celui de la justice, qui ne lui offre
plus que le devoir.

Non, mes freres, rien n'est sûr dans les vertus
humaines, si la vertu de Dieu ne les soutient et ne

les fixe. Soyez bienfaisant, juste, généreux, sincere : vous pouvez être utile au public ; mais vous
devenez inutile à vous-même : vous faites des
œuvres louables aux yeux des hommes : mais en
ferez-vous jamais une véritable vertu ? Tout est
faux et vuide dans un cœur que Dieu ne remplit
point (c'est un roi lui-même qui parle) ; et connoître votre justice et votre vertu, ô mon Dieu,
c'est la seule racine qui porte des fruits d'immortalité, et la source de la véritable gloire : *vani autem sunt omnes homines in quibus non subest
scientia Dei*[1].

C'est donc en vain qu'on met la véritable gloire
dans l'honneur et la probité mondaine : on n'est
grand que par le cœur, et le cœur vuide de Dieu
n'a plus que le faux et les bassesses de l'homme.

SECONDE PARTIE.

Mais peut-être que les vertus civiles toutes
seules sont trop obscures, et que la distinction et
la supériorité des grands talents nous donnera
plus de droit à la gloire.

Hélas ! Sire, que sont les grands talents, que
de grands vices, si, les ayant reçus de Dieu, nous
ne les employons que pour nous-mêmes ? Que de-

____
(1) Sap. c. 13, v. 1.

viennent-ils entre nos mains? souvent l'instrument des malheurs publics; toujours la source de notre condamnation et de notre perte.

Qu'est-ce qu'un souverain né avec une valeur bouillante, et dont les éclairs brillent déja de toutes parts dès ses plus jeunes ans, si la crainte de Dieu ne le conduit et ne le modere? un astre nouveau et malfaisant qui n'annonce que des calamités à la terre. Plus il croîtra dans cette science funeste, plus les miseres publiques croîtront avec lui : ses entreprises les plus téméraires n'offriront qu'une foible digne à l'impétuosité de sa course; il croira effacer par l'éclat de ses victoires leur témérité ou leur injustice; l'espérance du succès sera le seul titre qui justifiera l'équité de ses armes; tout ce qui lui paroîtra glorieux deviendra légitime; il regardera les moments d'un repos sage et majestueux comme une oisiveté honteuse et des moments qu'on dérobe à sa gloire; ses voisins deviendront ses ennemis dès qu'ils pourront devenir sa conquête; ses peuples eux-mêmes fourniront de leurs larmes et de leur sang la triste matiere de ses triomphes; il épuisera et renversera ses propres états pour en conquérir de nouveaux; il armera contre lui les peuples et les nations; il troublera la paix de l'univers; il se rendra célebre en faisant des millions de malheureux. Quel fléau pour le genre humain! Et s'il y a un peuple sur la terre capable de lui donner des éloges, il n'y a qu'à lui souhaiter un tel maître.

Repassez sur tous les grands talents qui rendent les hommes illustres; s'ils sont donnés aux impies, c'est toujours pour le malheur de leur nation et de leur siecle. Les vastes connoissances empoisonnées par l'orgueil ont enfanté ces chefs et ces docteurs célebres de mensonge qui dans tous les âges ont levé l'étendard du schisme et de l'erreur, et formé, dans le sein même du christianisme, les sectes qui le déchirent.

Ces beaux esprits si vantés, et qui par des talents heureux ont rapproché leur siecle du goût et de la politesse des anciens; dès que leur cœur s'est corrompu, ils n'ont laissé au monde que des ouvrages lascifs et pernicieux, où le poison, préparé par des mains habiles, infecte tous les jours les mœurs publiques, et où les siecles qui nous suivront viendront encore puiser la licence et la corruption du nôtre.

Tournez-vous d'un autre côté. Comment ont paru sur la terre ces génies supérieurs, mais ambitieux et inquiets, nés pour faire mouvoir les ressorts des états et des empires, et ébranler l'uni-

vers entier? Les peuples et les rois sont devenus
le jouet de leur ambition et de leurs intrigues: les
dissensions civiles et les malheurs domestiques
ont été les théâtres lugubres où ont brillé leurs
grands talents.

Un seul homme obscur, avec ces avantages
éminents de la nature, mais sans conscience et
sans probité, a pu s'élever les siecles passés sur les
débris de sa patrie; changer la face entiere d'une
nation voisine et belliqueuse, si jalouse de ses
loix et de sa liberté; se faire rendre des hommages
que ses citoyens disputent même à leurs rois;
renverser le trône, et donner à l'univers le spectacle d'un souverain dont la couronne ne put.
mettre la tête sacrée à couvert de l'arrêt inoui qui
le condamna à la perdre.

Esprits vastes, mais inquiets et turbulents, capables de tout soutenir hors le repos; qui tournent
sans cesse autour du pivot même qui les fixe et
qui les attache; et qui, semblables à Samson, sans
être animés de son esprit, aiment encore mieux
ébranler l'édifice et être écrasés sous ses ruines
que de ne pas s'agiter et faire usage de leurs talents et de leur force. Malheur au siecle qui pro-
duit de ces hommes rares et merveilleux! Et
chaque nation a eu là-dessus ses leçons et ses
exemples domestiques.

Mais enfin, si ce n'est pas un malheur pour leur siecle, c'est du moins un malheur pour eux-mêmes. Semblables à un navire sans gouvernail que des vents favorables poussent à pleines voiles; plus notre course est rapide, plus le naufrage est inévitable. Rien n'est si dangereux pour soi que les grands talents dont la foi ne regle pas l'usage; les vaines louanges qu'attirent ces qualités brillantes corrompent le cœur; et plus on étoit né avec de grandes qualités, plus la corruption est profonde et désespérée. Dieu abandonne l'orgueil à lui-même : ces hommes si vantés expient souvent, dans la honte d'une chûte éclatante, l'injustice des applaudissements publics; leurs vices déshonorent leurs talents. Ces vastes génies, nés pour soutenir l'état, ne sont plus, dit Job, que de foibles roseaux qui ne peuvent se soutenir eux-mêmes. On a vu plus d'une fois les pierres mêmes les plus brillantes du sanctuaire s'avilir et se traîner indignement dans la boue; et les plus grands talents sont souvent livrés aux plus grandes foiblesses : *qui ducit sacerdotes inglorios, et optimates supplantat*[1].

(1) Job, c. 12, v. 19.

TROISIEME PARTIE.

Les succès éclatants et les grands événements qui les suivent, ne méritent pas plus de louanges dans les ennemis de Dieu, et ne leur donnent pas plus de droit à la gloire que leurs talents.

Je sais que le monde y attache de la gloire, et que d'ordinaire chez lui ce ne sont pas les vertus, mais les succès, qui font les grands hommes. Les provinces conquises, les batailles gagnées, les négociations difficiles terminées, le trône chancelant affermi; voilà ce que publient les titres et les inscriptions, et à quoi le monde consacre des éloges et des monuments publics pour en immortaliser la mémoire.

Je ne veux pas qu'on abatte ces marques de la reconnoissance publique: tout ce qui est utile aux hommes est digne en un sens de la reconnoissance des hommes. Comme l'émulation donne les sujets illustres aux empires, il faut que les récompenses excitent l'émulation, et que les succès voient toujours marcher après eux les récompenses.

Le gouvernement politique ne sonde pas les cœurs; il ne pèse que les actions: il est même en ce genre des erreurs nécessaires à l'ordre public.

Tout ce qui l'embellit doit être glorieux, et les mœurs ou les motifs qui ne déshonorent que la personne, ne doivent pas ternir des succès qui ont honoré la patrie.

Mais, s'il est permis au monde d'exalter la gloire de ses héros, il n'est pas défendu à la vérité de ne pas parler comme le monde : hélas! il en est si peu qu'il ne dégrade lui-même! Ceux que la distance des temps et des lieux éloigne de ses regards, sont les seuls à couvert de ces traits; ceux qui vivent sous ses yeux n'échappent guere à sa censure, et il cesse de les admirer dés qu'il a le loisir de les connoitre : et en cela ne l'accusons point de malignité et d'injustice; il faut l'en croire puisqu'il parle contre lui-même.

Et, en effet, je ne vous dis pas : Percez jusques dans les motifs des actions les plus éclatantes et des plus grands événements. Tout en est brillant au-dehors, vous voyez le héros : entrez plus avant, cherchez l'homme lui-même; c'est là que vous ne trouverez plus, dit le Sage, que de la cendre et de la boue : *cinis est enim cor ejus, et terra supervacua spes illius*[1].

L'ambition, la jalousie, la témérité, le hasard, la crainte souvent et le désespoir, ont donné les

____

(1) Sap. c. 15, v. 10.

plus grands spectacles et les événements les plus
brillants à la terre. David ne devoit peut-être les
victoires et la fidélité de Joab qu'à sa jalousie
contre Abner. Ce sont souvent les plus vils ressorts qui nous font marcher vers la gloire; et
presque toujours les voies qui nous y ont con-
duits nous en dégradent elles-mêmes.

Aussi, écoutez ceux qui ont approché autrefois de ces hommes que la gloire des succès avoit
rendus célebres; souvent ils ne leur trouvoient de
grand que le nom; l'homme désavouoit le héros;
leur réputation rougissoit de la bassesse de leurs
mœurs et de leurs penchants; la familiarité tra-
hissoit la gloire de leurs succès; il falloit rappeller
l'époque de leurs grandes actions, pour se persuader que c'étoit eux qui les avoient faites. Ainsi
ces décorations si magnifiques qui nous éblouissent et qui embellissent nos histoires, cachent
souvent les personnages les plus vils et les plus
vulgaires.

Non, SIRE, il n'y a de grand dans les hommes
que ce qui vient de Dieu. La droiture du cœur,
la vérité, l'innocence et la regle des mœurs, l'empire sur les passions, voilà la véritable grandeur,
et la seule gloire réelle que personne ne peut
nous disputer; tout ce que les hommes ne trou-

vent que dans eux-mêmes, est sali, pour ainsi dire, par la même boue dont ils sont formés. Le sage tout seul, dit un grand roi, est en possession de la véritable gloire ; celle du pécheur n'est qu'un opprobre et une ignominie : *gloriam sapientes possidebunt, stultorum exaltatio ignominia*[1].

La religion, la piété envers Dieu, la fidélité à tous les devoirs qu'il nous impose à l'égard des autres et de nous-mêmes ; une conscience pure et à l'épreuve de tout ; un cœur qui marche droit dans la justice et dans la vérité, supérieur à tous les obstacles qui pourroient l'arrêter, insensible à tous les attraits rassemblés autour de lui pour le corrompre, élevé au-dessus de tout ce qui se passe, et soumis à Dieu seul ; voilà la véritable gloire, et la base de tout ce qui fait les grands hommes. Si vous frappez ce fondement, tout l'édifice s'écroule, toutes les vertus tombent ; et il ne reste plus rien, parcequ'il ne reste que nous-mêmes.

Sire, votre regne seroit plein de merveilles, vous porteriez la gloire de votre nom jusqu'aux extrémités de la terre, vos jours ne seroient marqués que par vos triomphes, vous ajouteriez de

[1] Prov. c. 3, v. 35.

nouvelles couronnes à celles des rois vos ancêtres, l'univers entier retentiroit de vos louanges;
si Dieu n'étoit point avec vous, si l'orgueil, plutôt
que la justice et la piété, étoit l'ame de vos entreprises, vous ne seriez point un grand roi, vos
prospérités seroient des crimes, vos triomphes,
des malheurs publics; vous seriez l'effroi et la
terreur de vos voisins, mais vous ne seriez pas le
pere de votre peuple, vos passions seroient vos
seules vertus; et, malgré les éloges que l'adulation, la compagne immortelle des rois, vous auroit donnés, aux yeux de Dieu, et peut-être même
de la postérité, elles ne paroîtroient plus que de
véritables vices.

Ce n'est donc pas cette gloire humaine, grand
Dieu, que nous vous demandons pour cet enfant
auguste; elle paroît déja peinte sur la majesté de
son front, elle coule même dans ses veines avec
le sang des rois ses ancêtres; et vous l'avez fait
naître grand aux yeux des hommes, dès que vous
l'avez fait naître du sang des héros: c'est la gloire
qui vient de vous. Rehaussez les dons de la nature, dont vous l'avez ennobli, par l'éclat immortel de la piété: ajoutez à toutes les qualités aimables qui le rendent déja les délices de son peuple,
toutes celles qui peuvent le rendre agréable à vos

yeux: laissez à sa naissance et à la valeur de la nation le soin de cette gloire qui vient du monde; nous ne vous demandons, grand Dieu, que de veiller au soin de sa conservation et de son salut. L'histoire de ses ancêtres est un titre qui nous répond de l'éclat et des prospérités de son regne; mais vous seul pouvez répondre de l'innocence et de la sainteté de sa vie. La gloire du monde est comme l'héritage qu'il a reçu de ses peres selon la chair; mais vous, grand Dieu, qui êtes son pere selon la foi, donnez-lui la sagesse, qui est la gloire et l'héritage de vos enfants.

Que son cœur soit toujours entre vos mains, et son cœur sera encore plus grand que ses succès et ses triomphes: qu'il vous craigne, grand Dieu; ses ennemis le craindront, ses peuples l'aimeront, il deviendra à l'univers un spectacle digne de l'admiration de tous les siecles; et comme nous n'aurons plus rien à craindre pour sa gloire, nous n'aurons plus rien aussi à souhaiter pour notre bonheur.   Ainsi soit-il.

SERMON
POUR LE DIMANCHE
DES RAMEAUX.

SUR LES ÉCUEILS DE LA PIÉTÉ
DES GRANDS.

Ecce rex tuus venit tibi mansuetus.

Voici votre roi qui vient à vous plein de douceur.

(Matth. c. 21, v. 5.)

SIRE,

Par-tout ailleurs Jésus-Christ semble n'exercer qu'avec une sorte de ménagement les fonctions éclatantes de son ministere. Il se dérobe aux empressements d'un peuple qui veut l'élever sur le trône: il choisit le sommet solitaire d'une montagne écartée, pour manifester sa gloire à trois disciples : les démons eux-mêmes, qui veulent la publier, sont forcés par ses ordres de la cacher et de la taire.

Aujourd'hui il paroît en roi, et comme un roi qui vient prendre possession de son empire. Il souffre des hommages publics ; il dispose en maître de l'appareil innocent de son triomphe : *dicite quia Dominus his opus habet* [1]. Il entre dans le temple ; et, par des châtiments éclatants, il rend à ce lieu sacré la majesté que l'indécence d'un trafic honteux lui avoit ôtée. Ce n'est plus cet homme qui se dérobe aux regards publics ; c'est le fils de David, qui donne des loix, qui exerce une autorité suprème, et qui veut avoir tout Jérusalem pour témoin de son zele et de sa puissance.

Il est donc ici le modele de la piété des grands. Les vertus privées ne leur suffisent pas ; il leur faut encore les vertus publiques. Ce seroit peu de les avoir jusques ici exhortés à la piété : l'essentiel est de leur montrer quelle est la piété de leur état. Quoique l'évangile propose à tous la même doctrine, il ne propose pas à tous les mêmes regles : les devoirs changent avec l'état ; plus il est élevé, plus ils se multiplient ; plus nos places nous rendent redevables au public, plus elles exigent des

(1) Math. c. 21, v. 3.

vertus publiques; et nous devenons mauvais, si nous ne sommes bons que pour nous-mêmes.

Or, la piété des grands a trois écueils à craindre, qui peuvent changer en vices toutes leurs vertus.

Premièrement, une piété oisive et renfermée en elle-même, qui les éloigne des soins et des devoirs publics.

Secondement, une piété foible, timide, scrupuleuse, qui jette l'indécision dans leurs entreprises et dans toute leur conduite.

Enfin, une piété crédule et bornée, facile à recevoir l'impression du préjugé, et incapable de revenir quand une fois elle l'a reçue.

C'est-à-dire qu'il faut à la piété des grands la vigilance publique, qui fait agir; le courage et l'élévation, qui font décider et entreprendre; enfin, ou les lumieres qui empêchent d'être surpris, ou une noble docilité qui se fait une gloire de revenir dès qu'elle a senti qu'on l'a surprise.

PREMIERE PARTIE.

SIRE,

La piété véritable est l'ordre de la société, laisse chacun à sa place, fait de l'état où Dieu nous a placés l'unique voie de notre salut, ne met pas une perfection chimérique dans des œuvres que Dieu ne demande pas de nous, ne sort pas de l'ordre de ses devoirs pour s'en faire d'étrangers, et regarde comme des vices les vertus qui ne sont pas de notre état.

Tout ce qui trouble l'harmonie publique est un excès de l'homme, et non un zele et une perfection de la vertu. La religion désavoue les œuvres les plus saintes qu'on substitue aux devoirs, et l'on n'est rien devant Dieu quand on n'est pas ce que l'on doit être.

Il y a donc une piété, pour ainsi dire, propre de chaque état. L'homme public n'est point vertueux, s'il n'a que les vertus de l'homme privé : le prince s'égare et se perd par la même voie qui auroit sauvé le sujet ; et le souverain en lui peut devenir très criminel, tandis que l'homme est irréprochable.

Aussi le premier écueil de la piété des grands est de les retirer des soins publics et de les renfermer en eux-mêmes. Comme l'indolence et l'amour du repos est le vice ordinaire des grands, il devient encore plus dangereux et plus incorrigible quand ils le couvrent du prétexte de la vertu. La gloire peut réveiller quelquefois dans les grands l'assoupissement de la paresse ; mais celui qui a pour principe une piété mal entendue est en garde contre la gloire même, et ne laisse plus de ressource. Un reste d'honneur et de respect pour le public et pour la place qu'on occupe rompt souvent les charmes d'une oisiveté honteuse, et rend aux peuples le souverain qui se doit à eux ; mais quand ce repos indigne est occupé par des exercices pieux, il devient à ses yeux honorable : on peut rougir d'un vice ; mais on se fait honneur de ce qu'on croit une vertu.

Mais, Sire, un grand, un prince n'est pas né pour lui seul ; il se doit à ses sujets. Les peuples, en l'élevant, lui ont confié la puissance et l'autorité, et se sont réservé en échange ses soins, son temps, sa vigilance. Ce n'est pas une idole qu'ils ont voulu se faire pour l'adorer, c'est un surveillant qu'ils ont mis à leur tête pour les protéger et pour les défendre : ce n'est pas de ces divinités inutiles qui ont des yeux et ne voient point, une langue et ne parlent point, des mains et n'agissent point ; ce sont de ces dieux qui les précèdent, comme parle l'Écriture, pour les conduire et les défendre. Ce sont les peuples qui, par l'ordre de Dieu, les ont faits tout ce qu'ils sont ; c'est à eux à n'être ce qu'ils sont que pour les peuples. Oui,

Sire, c'est le choix de la nation qui mit d'abord
le sceptre entre les mains de vos ancêtres; c'est
elle qui les éleva sur le bouclier militaire, et les
proclama souverains. Le royaume devint ensuite
l'héritage de leurs successeurs; mais ils le dùrent
originairement au consentement libre des sujets.
Leur naissance seule les mit ensuite en possession du trône; mais ce furent les suffrages publics
qui attacherent d'abord ce droit et cette prérogative à leur naissance. En un mot, comme la premiere source de leur autorité vient de nous, les
rois n'en doivent faire usage que pour nous. Les
flatteurs, Sire, vous rediront sans cesse que vous
êtes le maître, et que vous n'êtes comptable à
personne de vos actions. Il est vrai que personne
n'est en droit de vous en demander compte; mais
vous vous le devez à vous-même, et, si je l'ose
dire, vous le devez à la France qui vous attend,
et à toute l'Europe qui vous regarde: vous êtes le
maître de vos sujets; mais vous n'en aurez que le
titre, si vous n'en avez pas les vertus : tout vous
est permis; mais cette licence est l'écueil de l'autorité, loin d'en être le privilege : vous pouvez
négliger les soins de la royauté; mais, comme ces
rois fainéants si déshonorés dans nos histoires,
vous n'aurez plus qu'un vain nom de roi, dès que

vous n'en remplirez pas les fonctions augustes.

Quel seroit donc ce fantôme de piété qui feroit une vertu aux grands et au souverain de craindre et d'éviter la dissipation des soins publics; de ne vaquer qu'à des pratiques religieuses, comme des hommes privés et qui n'ont à répondre que d'eux-mêmes; de se renfermer au milieu d'un petit nombre de confidents de leurs pieuses illusions, et de fuir presque la vue du reste de la terre? SIRE, un prince établi pour gouverner les hommes doit connoître les hommes : le choix des sujets est la premiere source du bonheur public; et, pour les choisir, il faut les connoître. Nul n'est à sa place dans un état où le prince ne juge pas par lui-même: le mérite est négligé, parcequ'il est, ou trop modeste pour s'empresser, ou trop noble pour devoir son élévation à des sollicitations et à des bassesses : l'intrigue supplante les plus grands talents; des hommes souples et bornés s'élevent aux premieres places, et les meilleurs sujets demeurent inutiles. Souvent un David, seul capable de sauver l'état, n'emploie sa valeur dans l'oisiveté des champs que contre des animaux sauvages, tandis que des chefs timides, effrayés de la seule présence de Goliath, sont à la tête des armées du Seigneur.

Souvent un Mardochée, dont la fidélité est même écrite dans les monuments publics, qui, par sa vigilance, a découvert autrefois des complots funestes au souverain et à l'empire, seul en état, par sa probité et par son expérience, de donner de bons conseils et d'être appellé aux premieres places, rampe à la porte du palais, tandis qu'un orgueilleux Aman est à la tête de tout, et abuse de son autorité et de la confiance du maître.

Ainsi les fonctions essentielles aux grands ne sont pas la priere et la retraite. Elles doivent les préparer aux soins publics, et non les en détourner; ils doivent se sanctifier en contribuant au salut et à la félicité de leurs peuples; les graces de leur état sont des graces de travail, de soins, de vigilance. Quiconque leur promet, dit l'évangile, qu'ils trouveront Jésus-Christ dans le désert, ou dans le secret de leur palais, est un faux prophete : *ecce in deserto, ecce in penetralibus, nolite credere* [1]. Ils y seront seuls et livrés à eux-mêmes : Dieu n'est point avec nous dans les situations qu'il ne demande pas de nous; et le calme où nous nous croyons le plus en sûreté, si la main du Seigneur ne nous y conduit et ne nous y soutient, devient lui-même le gouffre qui nous voit

(1) Matth. c. 24, v. 26.

périr sans ressource : une piété oisive et retirée ne sanctifie pas le souverain, elle l'avilit et le dégrade.

Eh quoi! Sire, tandis que celui que son rang et sa naissance établissent dépositaire de l'autorité publique, se renfermeroit dans l'enceinte d'un petit nombre de devoirs pieux et secrets, les soins publics seroient abandonnés, les affaires demeureroient, les subalternes abuseroient de leur autorité, les loix céderoient la place à l'injustice et à la violence, les peuples seroient comme des brebis sans pasteur, tout l'état dans la confusion et dans le désordre! et Dieu, auteur de l'ordre public, regarderoit avec des yeux de complaisance une piété oisive qui le renverse! et les peuples, exposés à la merci des flots, n'auroient pas droit de dire à ce pilote endormi et infidele, avec plus de raison que les disciples sur la mer ne le disoient à Jésus-Christ : Seigneur, il vous est donc indifférent que nous périssions, et notre perte ou notre salut n'est plus une affaire qui vous intéresse? *Magister, non ad te pertinet quia perimus*[1]? La religion autoriseroit donc des abus que la raison elle-même condamne.

Mais la religion elle-même n'est-elle pas né-

____

(1) Marc. c. 4, v. 58.

cessairement liée à l'ordre public? Elle tombe ou s'affoiblit avec lui. Les mœurs souffrent toujours de la foiblesse des loix; la confusion du gouvernement est aussi funeste à la piété des peuples qu'au bonheur des empires; le bon ordre de la société est la premiere base des vertus chrétiennes; l'observance des loix de l'état doit préparer les voies à celle de l'évangile. L'Église ne doit compter sur rien dans un empire où le gouvernement n'a rien de fixe; aussi les états où la multitude gouverne, et ceux où elle partage la puissance avec le souverain, sans cesse exposés à des révolutions, se départent aussi facilement des loix que du culte de leurs peres : les soulevements y sont aussi impunis que les erreurs; et c'est là où l'hérésie a toujours trouvé son premier asyle; elle se fortifie au milieu de la confusion des loix et de la foiblesse de l'autorité; elle doit toujours sa naissance ou son progrès aux troubles et aux dissensions publiques. Les regnes les plus foibles et les plus agités ont toujours été parmi nous, comme par-tout ailleurs, les regnes funestes de son accroissement et de sa puissance; et dès que l'harmonie civile se dément, toute la religion elle-même chancelle.

Aussi les plus saints rois de Juda, SIRE, mêloient les devoirs de la piété avec ceux de la royauté. Le pieux Josaphat, au sortir du temple où il venoit tous les jours offrir ses vœux et ses sacrifices au Dieu de ses peres, envoyoit, dit l'Écriture, dans toutes les villes de Juda, des hommes habiles et des prêtres éclairés, pour rétablir l'autorité des loix et la pureté du culte, que les malheurs des regnes précédents avoient fort altérées.

David lui-même, malgré ces pieux cantiques qui faisoient son occupation et ses plus cheres délices, et qui instruiront jusqu'à la fin les peuples et les rois, paroissoit sans cesse à la tête de ses armées et des affaires publiques; ses yeux étoient ouverts sur tous les besoins de l'état; et, ne pouvant suffire seul à tout, il alloit chercher, jusqu'aux extrémités de la Judée, des hommes fideles, pour les faire asseoir à ses côtés, et partager avec eux les soins qui environnent le trône: *oculi mei ad fideles terræ, ut sedeant mecum* [1].

Les plus pieux rois vos prédécesseurs ont toujours été les plus appliqués à leurs peuples. Celui sur-tout que l'Église honore d'un culte public, descendoit même dans le détail des différends de ses sujets; et, comme il en étoit le pere, il ne dé-

____

[1] Ps. 100, v. 6.

daignoit pas d'en être l'arbitre. Jaloux des droits de sa couronne, il vouloit la transmettre à ses successeurs avec le même éclat et les mêmes prérogatives qu'il l'avoit reçue de ses peres. Il croyoit que l'innocence de la vie seule ne suffit pas au souverain, qu'il doit vivre en roi pour vivre en saint, et qu'il ne sauroit être l'homme de Dieu s'il n'est pas l'homme de ses peuples.

Il est vrai, Sire, que la piété dans les grands va quelquefois dans un autre excès. Elle les jette dans une multitude de soins et de détails inutiles ; ils se croient obligés de tout voir de leurs yeux et de tout toucher de leurs mains : les plus grandes affaires les trouvent souvent insensibles, tandis que les plus petits objets réveillent leur attention et leur zele ; ils ont les sollicitudes de l'homme privé, ils n'ont pas celles de l'homme public ; ils peuvent avoir la piété du sujet, ils n'ont pas celle du prince. Ce n'est pas à eux cependant à abandonner le gouvernail pour vaquer à des fonctions obscures qui n'intéressent pas la sûreté publique : leurs mains sont premièrement destinées à manier ces ressorts principaux des états, qui font mouvoir toute la machine ; et tout doit être grand dans la piété des grands.

SECONDE PARTIE.

Mais si l'inaction en est le premier écueil, l'incertitude et l'indécision, que traîne d'ordinaire après soi une conscience timide et scrupuleuse, ne paroissent pas moins à craindre.

Ce n'est pas que je prétende autoriser ici cette sagesse profane qui fait toujours marcher les intérêts de l'état avant ceux de l'évangile, ni cette erreur commune qui ne croit pas l'exactitude des regles de l'évangile compatible avec les maximes du gouvernement et les intérêts de l'état.

Dieu, qui est auteur des empires, ne l'est-il pas des loix qui les gouvernent? A-t-il établi des puissances qui ne puissent se soutenir que par le crime? Et les rois seroient-ils son ouvrage s'ils ne pouvoient régner sans que la fraude et l'injustice fussent les compagnes inséparables de leur regne? N'est-ce pas la justice et le jugement qui soutiennent les trônes? La loi de Dieu ne doit-elle pas être écrite sur le front du souverain, comme la premiere loi de l'empire? et, s'il falloit toujours la violer pour maintenir la tranquillité des sociétés humaines, ou la loi de Dieu seroit fausse, ou les sociétés humaines ne seroient pas l'ouvrage de Dieu.

Quelle erreur, mes freres, de se persuader que ceux qui sont en place ne doivent pas regarder de si près à la rigidité des regles saintes ; que les empires et les monarchies ne se menent point par des maximes de religion ; que la loi de Dieu est la regle du particulier, mais que les états ont une regle supérieure à la loi de Dieu même ; que tout tomberoit dans la langueur et dans l'inaction, si les maximes du christianisme conduisoient les affaires publiques ; et qu'il n'est pas possible d'être en même temps et l'homme de l'état et l'homme de Dieu !

Quoi ! mes freres, la justice, la vérité, la bonne foi, seroient funestes au gouvernement des états et des empires ! La religion, qui fait tout le bonheur et toute la sûreté des peuples et des rois, en deviendroit elle-même l'écueil ! Un bras de chair soutiendroit plus sûrement les royaumes que la main de Dieu, qui les a élevés ! Les peuples ne pourroient devoir l'abondance et la tranquillité qu'à la fraude et à la mauvaise foi de ceux qui les gouvernent ! Et les ministres des rois ne pourroient acheter que par la perte de leur salut le salut de la patrie ! Quel outrage pour la religion et pour tant de bons rois qui n'ont régné heureusement que par elle !

J'avoue, SIRE, que lorsque le souverain est ambitieux et médite des entreprises injustes, l'artifice et la mauvaise foi deviennent comme inévitables à ses ministres, ou pour cacher ses mauvais desseins, ou pour colorer ses injustices. Mais que le prince soit juste et craignant Dieu, la justice et la vérité suffiront alors pour soutenir un trône qu'elles-mêmes ont élevé : l'habileté de ses ministres ne sera plus que dans leur équité et dans leur droiture : on ne donnera plus à la fraude et à la dissimulation les noms pompeux d'art de régner et de science des affaires. En un mot, donnez-moi des David et des Pharaon amis du peuple de Dieu, et ils pourront avoir des Nathan et des Joseph pour leurs ministres.

C'est donc déshonorer la religion, dit saint Augustin [1], de croire qu'elle ne doit pas être consultée dans le gouvernement des républiques et des empires. Mais c'est lui faire un égal outrage de prendre dans une piété mal-entendue des motifs d'indécision et d'incertitude qui entrevoient par-tout les apparences du mal, et qui opposent sans cesse un fantôme de religion aux entreprises les plus justes et aux maximes les plus capitales.

C'est à la sagesse humaine et corrompue à être

____
(1) De civ. Dei.

incertaine et timide; toujours enveloppée sous de fausses apparences, elle doit toujours craindre qu'un coup d'œil plus heureux ne la perce enfin et ne la démasque. Mais la sagesse qui vient du ciel nous rend plus décidés et plus tranquilles; on marche avec bien plus de sécurité quand on ne veut marcher que dans la lumiere. L'homme vertueux tout seul a droit d'aller la tête levée, et de défier la prudence timide et incertaine de l'homme trompeur : une sainte fierté sied bien à la vérité.

Aussi, c'est se faire une fausse idée de la piété de se la figurer toujours timide, foible, indécise, scrupuleuse, bornée, se faisant un crime de ses devoirs et une vertu de ses foiblesses; obligée d'agir, et n'osant entreprendre; toujours suspendue entre les intérêts publics et ses pieuses frayeurs, et ne faisant usage de la religion que pour mettre le trouble et la confusion où elle auroit dû mettre l'ordre et la regle. Ce sont là les défauts que les hommes mêlent souvent à la piété; mais ce ne sont pas ceux de la piété même. C'est le caractere d'un esprit foible et borné, mais ce n'est pas une suite de l'élévation et de la sagesse de la religion. En un mot c'est l'excès de la vertu; mais la vertu finit toujours où l'excès commence.

Non, Sire, la piété véritable éleve l'esprit, ennoblit le cœur, affermit le courage. On est né pour de grandes choses quand on a la force de se vaincre soi-même. L'homme de bien est capable de tout dès qu'il a pu se mettre par la foi au-dessus de tout. C'est le hasard qui fait les héros; c'est une valeur de tous les jours qui fait le juste. Les passions peuvent nous placer bien haut, mais il n'y a que la vertu qui nous éleve au-dessus de nous-mêmes.

Quel regne, Sire, plus glorieux en Israël que celui de Salomon, tandis qu'il demeura fidele à la loi de ses peres? Quel gouvernement plus sage et plus absolu? Tous les raffinements de la politique ont-ils jamais poussé si loin l'art de régner et de conduire les peuples? Quelle gloire et quelle magnificence environnoit son trône! La piété en avilissoit-elle la majesté? Quel prince vit jamais ses sujets plus soumis, ses voisins s'estimer plus heureux de son alliance, et des souverains à la téte des empires plus vastes et plus puissants que le sien avoir pour sa personne des égards et des déférences qu'ils ne devoient pas à sa couronne? Les sages des autres nations ne se regardoient-ils pas comme des insensés devant lui? Ne venoit-on pas, des contrées les plus éloignées, admirer l'ordre

et l'harmonie qui lui faisoit gouverner tous ses
sujets comme un seul homme? N'est-ce pas dans
les préceptes divins qu'il nous a laissés que les
princes apprennent encore tous les jours à régner? et la piété seroit-elle l'écueil du gouvernement, puisque c'est elle seule qui lui valut la sagesse?

Heureux s'il ne fût pas sorti de ses premieres
voies, et si les égarements de sa vieillesse n'eussent pas flétri la gloire de son regne, et altéré le
bonheur de ses sujets! Ils ne commencerent à
éprouver des charges excessives et ne cesserent
d'être heureux que lorsqu'il cessa lui-même d'être
fidele à Dieu, et que, corrompu par les femmes
étrangeres, il ne mit plus de bornes à ses profusions et à l'oppression de ses peuples, et prépara
à son fils le soulevement qui sépara dix tribus du
royaume de David, et leur donna un nouveau
maître.

Hélas! les hommes, pour excuser leurs vices,
cherchent à décrier la vertu: comme elle est incommode aux passions, ils voudroient se persuader qu'elle est funeste à la conduite des états et
des empires, et lui opposer l'intérêt public, pour
se cacher à soi-même l'intérêt personnel, qui seul
en nous s'oppose à elle. La crainte du Seigneur

est la seule source de la véritable sagesse; et ce qui met l'ordre dans l'homme peut seul le mettre dans les états.

TROISIEME PARTIE.

Enfin l'indécision et l'incertitude conduisent souvent au préjugé et à la surprise; c'est le dernier écueil de la piété des grands.

Oui, mes freres, la piété a ses erreurs comme le vice. Plus on aime la vérité, plus tout ce qui se couvre de ses apparences peut nous séduire: la vertu, simple et sincere, juge des autres par elle-même. C'est presque toujours notre propre obliquité qui nous instruit à la défiance; on est moins en garde contre la fraude et l'artifice, quand on n'a jamais fait usage que de la droiture et de la simplicité; et les justes sont plus exposés à être surpris, parcequ'ils ignorent eux-mêmes l'art de surprendre.

Mais c'est dans les grands sur-tout, Sire, que la piété doit craindre les préjugés et la surprise; outre que les suites en sont plus dangereuses, c'est que nés, disoit autrefois Assuérus, plus droits et plus sinceres, ils sont d'autant plus susceptibles de préjugés qu'ils aiment moins la peine de l'examen et l'embarras de la défiance, et qu'ils trouvent plus court et plus aisé de juger sur ce qu'on leur dit, que de l'approfondir et de s'en convaincre : *dum aures principum simplices, et ex sua natura alios æstimantes, callidá fraude decipiunt*[1].

Et de combien de sortes de préjugés la piété dans les grands ne peut-elle pas les rendre capables ! Préjugés de crédulité. C'est la piété elle-même qui ouvre souvent leurs oreilles à la malignité de la calomnie; et plus ils aiment la vertu, plus aisément on leur rend suspects de dissolution et de vice ceux qu'une basse jalousie a intérêt de perdre. Mais tout zele qui cherche à nuire doit leur être suspect : la véritable piété, ou ne croit pas facilement le mal, ou, loin de le publier, le cache du moins et l'excuse; elle ne cherche pas à rendre son frere odieux à ses maîtres, elle ne cherche qu'à le réconcilier avec Dieu; les délations secretes se proposent plus le renversement de la fortune d'autrui, que le réglement de ses mœurs; et d'ordinaire le délateur découvre plus ses propres vices que les vices de son frere.

Préjugés de confiance. L'hypocrite prend souvent auprès d'eux la place de l'homme de bien : ils donnent aux apparences de la piété l'accès, les

(1) Esth. c. 16, v. 6.

places, la confiance, qui n'étoient dues qu'à la piété elle-même : ils chargent de soins publics ceux qui, par leurs lumieres bornées, n'étoient nés que pour vaquer aux fonctions les plus obscures. Des mœurs réglées tiennent lieu auprès d'eux des plus grands talents et des services les plus importants ; et ils décrient la vertu par les faveurs mêmes dont ils l'honorent.

Enfin, préjugés de zele. C'est ici où les princes les plus pieux ont trouvé souvent dans leur zele même l'écueil de leur piété. Les Constantin, les Théodose, ont vu autrefois leur amour pour l'Église se tourner contre l'Église même, et favoriser l'erreur par un zele de la vérité. Les princes, SIRE, ne doivent toucher à la religion que pour la protéger et pour la défendre : leur zele n'est utile à l'Église que lorsqu'il est demandé par les pasteurs. Les sollicitations des dépositaires de la doctrine sont les seules qui doivent avoir du crédit auprès d'eux, lorsqu'il s'agit de la doctrine elle-même ; toute autre voix que la voix unanime des pasteurs doit leur être suspecte. C'est ici où ils ne doivent se réserver que l'honneur de la protection, et leur laisser celui de la décision et du jugement. Les évêques sont leurs sujets ; mais ils sont leurs peres selon la foi. Leur naissance les soumet à l'autorité du trône; mais sur les mystères de la foi, l'autorité du trône fait gloire de se soumettre à celle de l'Église. Les princes n'en sont que les premiers enfants; et nos rois ont toujours regardé le titre de ses fils aînés comme le plus beau titre de leur couronne. Ils n'ont point d'autre droit que de faire exécuter ses décrets, et, en s'y soumettant les premiers, donner l'exemple de la soumission aux autres fideles. Dès qu'ils ont voulu aller plus loin, et usurper sur la doctrine un droit réservé au sacerdoce, ils ont aigri les maux de l'Église loin d'y remédier : leurs tempéraments ont été de nouvelles plaies et ont enfanté de nouveaux excès. Toutes les conciliations inventées pour calmer les esprits rebelles et les ramener à l'unité les ont autorisés dans leur séparation et leur révolte; et leur autorité a toujours perpétué les erreurs quand elle a voulu se mêler toute seule de les rapprocher de la vérité. Ils peuvent environner l'arche et la garder comme David; mais ce n'est pas à eux à y porter les mains. Le trône est élevé pour être l'appui et l'asyle de la doctrine sainte; mais il ne doit jamais en être la regle, ni le tribunal d'où partent ses décisions.

Hélas! si les passions et les intérêts humains n'environnoient pas le trône, sans doute la piété des souverains seroit la plus sûre ressource de l'Église; mais souvent, ou l'on fait agir leur religion contre leurs propres intérêts, ou l'on se sert du vain prétexte de leurs intérêts pour les faire agir contre la religion même.

Les préjugés sont donc presque inévitables à la piété des grands : mais c'est l'obstination dans le préjugé qui rend le mal plus incurable. Il ne leur est pas honteux d'avoir pu être surpris. Hélas! comment pourroient-ils s'en défendre? Tout ce qui les environne presque s'étudie à les tromper : est-il étonnant que l'attention se relâche quelquefois, et qu'ils puissent se laisser séduire? L'artifice est plus habile et plus persévérant que la défiance; il prend toutes les formes, et met à profit tous les moments : et quand tous ceux presque qui nous approchent ont intérêt que nous nous trompions, nos précautions elles-mêmes les aident souvent à nous conduire au piege.

Mais, Sire, s'il n'est pas honteux aux princes d'être surpris, malheur inévitable à l'autorité suprême, il leur est glorieux d'avouer qu'ils ont pu l'être. Rien n'est plus grand dans le souverain que de vouloir être détrompé, et d'avoir la force de convenir soi-même de sa méprise. Assuérus ne crut point déroger à la majesté de l'empire en

déclarant, même par un édit public, que sa bonne
foi avoit été surprise par les artifices d'Aman. C'est
un mauvais orgueil de croire qu'on ne peut avoir
tort; c'est une foiblesse de n'oser reculer, quand
on sent qu'on nous a fait faire une fausse démarche. Les variations qui nous ramenent au vrai affermissent l'autorité, loin de l'affoiblir. Ce n'est
pas se démentir que de revenir de sa méprise: ce
n'est pas montrer aux peuples l'inconstance du
gouvernement; c'est leur en étaler l'équité et la
droiture. Les peuples savent assez et voient assez
souvent que les souverains peuvent se tromper;
mais ils voient rarement qu'ils sachent se désa-
buser et convenir de leur méprise. Il ne faut pas
craindre qu'ils respectent moins la puissance qui
avoue son tort et qui se condamne elle-même;
leur respect ne s'affoiblit qu'envers celle ou qui
ne le connoît pas, ou qui le justifie: et dans leur
esprit rien ne déshonore l'autorité que la foiblesse
qui se laisse surprendre, et la mauvaise gloire qui
croiroit s'avilir en convenant de son erreur et de
sa surprise.

Sire, fermez l'oreille aux mauvais conseils et
aux insinuations dangereuses de l'adulation: mais
comme elles se couvrent du voile du bien public,
et que tôt ou tard elles trouvent accès auprès du

trône, si l'inattention vous les a fait suivre, que l'intérêt seul de votre gloire, quand vous serez détrompé, vous les fasse à l'instant désavouer. Il est encore plus glorieux d'avouer sa surprise que de n'avoir pas été surpris. Rien n'est plus beau dans le souverain qui ne dépend de personne, que de vouloir toujours dépendre de la vérité. On craindra de vous en imposer, quand l'imposture et l'adulation démasquée n'aura plus à attendre que votre désaveu et votre colere. C'est l'orgueil des rois tout seul qui autorise et enhardit les adulations et les mauvais conseils : et s'il est vrai que ce sont d'ordinaire les adulateurs qui font les mauvais rois, il est encore plus vrai que ce sont les mauvais rois qui forment et multiplient les adulateurs.

C'est en évitant ces écueils que la piété des grands deviendra respectable, qu'ils lui rendront la gloire et la dignité que les dérisions du monde ou les foiblesses de la fausse vertu lui ont presque ôtées, et qu'on n'entendra plus se perpétuer parmi les hommes ce blasphême si injurieux à la religion : Que les princes pieux sont les moins propres à gouverner, et que la piété peut en faire de grands saints, mais qu'elle n'en fera jamais de grands rois.

Puissent ces discours licencieux, Sire, ne jamais blesser l'innocence de vos oreilles! Mais si l'adulation ose les porter un jour jusques au pied de votre trône, qu'il en sorte des éclairs et des foudres pour confondre ces ennemis de la religion et de votre véritable gloire! Écoutez ces adulations impies comme des blasphèmes contre la majesté des rois, comme des outrages faits à vos plus glorieux ancêtres, aux Charlemagne, aux saint Louis, à votre auguste bisaïeul. C'est par une piété tendre et sincere qu'ils devinrent de grands rois. Leur zele pour la religion les a encore plus illustrés que leurs victoires. Les louanges que l'Église leur donnera à jamais dureront autant que l'Église elle-même. Leurs grandes actions, ou auroient été ensevelies dans la révolution des temps, ou n'eussent eu qu'un éclat vulgaire, si la piété ne les eût immortalisées.

Soyez, Sire, comme eux le défenseur de la gloire de Dieu, et il ne permettra pas que la vôtre s'efface jamais de la mémoire des hommes. Justifiez, en vous proposant ces grands modeles, que la piété ne déshonore point les rois; que les passions toutes seules avilissent le trône et dégradent le souverain; qu'on n'est pas digne de régner quand on ne regne pas sur soi-même; et que pour être dans les âges suivants aussi grand qu'eux aux yeux des hommes, il faut avoir été comme eux fidele à Dieu.

Grand Dieu! plus le trône est environné de pieges, plus les rois ont besoin que vous les environniez de votre protection et des secours de votre grande miséricorde. Mais plus une tendre jeunesse et une enfance délaissée à elle-même et à tous les périls de la royauté expose cet enfant auguste, plus il doit devenir l'objet de vos soins et de votre tendresse paternelle.

Armez de bonne heure l'innocence de son cœur contre les dérisions qui avilissent la piété, et contre les écueils de la piété même : donnez-lui ces vertus qui sanctifient l'homme, et qui font en même temps le grand roi : faites qu'il respecte ceux qui vous servent, et qu'il serve lui-même le Dieu de ses peres avec cette majesté qui seule peut rendre les rois respectables.

Jetez les yeux sur lui du haut du ciel, grand Dieu ; et voyez ici à vos pieds cet enfant auguste et précieux, la seule ressource de la monarchie, l'enfant de l'Europe, le gage sacré de la paix des peuples et des nations. Les entrailles de votre miséricorde n'en sont-elles pas émues ? regardez-le, grand Dieu, avec les yeux et la tendresse de toute la nation.

Écoutez la premiere voix de son cœur innocent, qui vous dit ici, comme autrefois un saint roi : Dieu de mes peres, regardez-moi : laissez-vous toucher de pitié à la vue des périls que mon âge et mon rang me préparent, et qui vont m'entourer de toutes parts au sortir de l'enfance : *respice in me, et miserere mei* [1]. Soyez vous-même le défenseur de mon trône et de ma jeunesse. Conservez l'empire à l'enfant de tant de rois, et qui ne connoît pas de titre plus glorieux que d'être le premier né de vos enfants : *da imperium puero tuo.*

Mais que la conservation d'une couronne terrestre, grand Dieu, ne soit pas le seul de vos bienfaits. Sauvez le fils d'Adélaïde, des Blanche, des Clotilde, et de tant de pieuses princesses qui me portent encore devant vous dans leur sein comme l'enfant de leur amour et de leurs plus cheres espérances : *et salvum fac filium ancillæ tuæ.* Et puisque l'innocence attire toujours sur elle vos regards les plus propices et les plus tendres, conservez-la moi, grand Dieu, aussi long-temps que ma couronne, afin qu'après avoir régné par vous heureusement sur la terre, je puisse régner avec vous éternellement dans le ciel.   Ainsi soit-il.

(1) Ps. 85, v. 16.

SERMON

POUR

LE VENDREDI SAINT.

SUR LES OBSTACLES QUE LA VÉRITÉ TROUVE DANS LE COEUR DES GRANDS.

Astiterunt reges terræ, et principes convenerunt in unum, adversùs Dominum, et adversùs Christum ejus.

Les rois de la terre se sont présentés, et les princes se sont assemblés contre le Seigneur et contre son Christ. (Ps. 2, v. 2.)

SIRE,

Toutes les puissances de la terre semblent se réunir aujourd'hui pour condamner Jésus-Christ à la mort; et la mort de Jésus-Christ n'est qu'une condamnation éclatante des passions des grands et des puissants de la terre.

C'est un pontife éternel qui s'offre lui-même pour son peuple, comme la seule victime capable d'expier ses iniquités et d'appaiser la colere de Dieu; c'est un ministre et un envoyé de son pere, qui rend témoignage par son sang à la vérité de sa mission et de son ministere; c'est un roi qui entre en possession par sa mort de l'empire de l'univers; il réunit en sa personne tous les titres glorieux dont l'orgueil des hommes se pare.

Cependant ce pontife est livré aujourd'hui par la jalousie des grands prêtres; ce ministre et cet envoyé du ciel oppose en vain son innocence à l'ambition et à la lâcheté d'un ministre de César; ce roi, à qui toutes les nations ont été données comme son héritage, devient le jouet de l'indifférence et de la vaine curiosité d'un roi usurpateur de la Judée. Il falloit que tout ce qui porte le nom de grand sur la terre, la jalousie des pontifes, la lâcheté de Pilate et l'indifférence d'Hérode, en condamnant Jésus-Christ, fissent éclater sa grandeur et sa puissance: *astiterunt reges terræ, etc.*

De toutes les instructions que nous offre aujourd'hui le spectacle de la croix, il n'en est pas ici de plus convenable; et puisque nous ne saurions en exposer à votre piété toutes les circonstances, contentons-nous de vous y montrer les obstacles que la vérité trouve dans le cœur des grands de la terre, c'est-à-dire Jésus-Christ condamné à la mort par les passions des grands, et les passions des grands condamnées par la mort de Jésus-Christ.

PREMIERE PARTIE.

SIRE,

La vérité, toujours odieuse aux grands, trouve encore aujourd'hui sur la terre les mêmes ennemis qui l'attacherent autrefois avec Jésus-Christ sur la croix; la jalousie la persécute, un lâche intérêt la sacrifie, l'indifférence la méprise, et la tourne même en risée.

Mais de toutes les passions que les hommes opposent à la vérité, la jalousie est la plus dangereuse, parcequ'elle est la plus incurable; c'est un vice qui mene à tout, parcequ'on se le déguise toujours à soi-même; c'est l'ennemi éternel du mérite et de la vertu; tout ce que les hommes admirent l'enflamme et l'irrite; il ne pardonne qu'au vice et à l'obscurité; et il faut être indigne des regards publics pour mériter ses égards et son indulgence.

Si les prodiges de Jésus-Christ avoient moins
éclaté dans la Judée, les princes des prêtres,
moins éblouis de sa gloire, ne lui eussent pas dis-
puté son innocence; et leur zele jaloux ne l'auroit
pas trouvé digne de mort, s'il ne l'eût été des
louanges et des acclamations publiques : *quid fa-
cimus, quia hic homo multa signa facit* [1] ?

Telle est l'impression de haine et de jalousie
que la grande renommée de Jésus-Christ fait sur
le cœur des pontifes et des prêtres, des dépositaires de la loi et de la religion. Mais, hélas! faut-il
que le sanctuaire lui-même devienne presque
toujours l'asyle d'une passion si méprisable; que
les dons éclatants de l'esprit de paix et de charité
mettent l'amertume et la division parmi ses ministres; que la moisson si abondante et qui manque d'ouvriers, excite des sentiments de jalousie
parmi le petit nombre de ceux qui travaillent; que
les anges destinés au ministere ne puissent arracher les scandales du royaume de Jésus-Christ
sans y en mettre souvent un nouveau; que dès la
naissance de l'évangile cette triste zizanie se soit
glissée parmi ses plus saints ouvriers, et que l'É-
glise souvent soit presque aussi affligée par le
faux zele qui la défend que par l'erreur même qui

[1] Joan. c. 11, v. 47.

l'attaque! Pourvu que Jésus-Christ soit annoncé, la gloire n'en est-elle pas commune à tous ceux qui l'aiment? ne partageons-nous pas ses triomphes, dès que nous ne combattons que pour lui? et tous les succès qui agrandissent son royaume ne deviennent-ils pas les nôtres? C'est lui seul qui donne l'accroissement, et nos foibles travaux ne sont plus comptés pour rien dès que nous les comptons nous-mêmes pour quelque chose.

Tous les traits les plus odieux semblent se réunir dans un cœur où domine cette passion injuste. Cependant c'est le vice et comme la contagion universelle des cours, et souvent la première source de la décadence des empires: il n'est point de bassesse que cette passion ou ne consacre ou ne justifie, elle éteint même les sentiments les plus nobles de l'éducation et de la naissance; et dès que ce poison a gagné le cœur, on trouve des ames de boue où la nature avoit d'abord placé des ames grandes et bien nées.

La mauvaise foi n'est plus comptée pour rien: ces grands prêtres cherchent eux-mêmes de faux témoignages contre Jésus-Christ; eux qui devoient proscrire ces hommes infâmes qui font un trafic honteux de la vérité et de l'innocence des autres hommes, ils se les associent, et favorisent le crime qui favorise leur passion.

C'est ainsi que ce vice ne rougit point de se faire des appuis honteux et méprisables. Les hommes les plus décriés et les plus perdus, on les adopte dès qu'ils veulent bien adopter et servir l'amertume secrete qui nous dévore; ils nous deviennent chers dès qu'ils peuvent devenir les vils instruments de notre passion; et ce qui devoit les rendre encore plus hideux à nos yeux, efface en un instant toutes leurs taches. Le monde ne manque jamais de ces hommes vendus à l'iniquité, dont l'unique emploi est de noircir auprès des grands ceux qui ont le malheur de leur déplaire, ou qui plaisent trop pour être de leur goût; et ces hommes corrompus, et qu'on devroit bannir de la société, ne manquent jamais de trouver des grands qui les écoutent et qui les protegent. On érige en mérite le zele qu'ils étalent pour nos intérêts, et on leur fait une vertu d'un ministere infâme dont on rougit tout bas soi-même: Doëg l'Iduméen devient cher à Saül dès qu'il devient le ministre de sa jalousie et de sa haine contre David.

Mais de quoi n'est pas capable un cœur que la jalousie noircit et envenime! Non seulement on applaudit à l'imposture, mais on ne craint pas de s'en rendre coupable soi-même. Ces pontifes, témoins des prodiges et de la sainteté de Jésus-

Christ, ne pouvant ignorer qu'il est fils de David, et descendu des rois de Juda, ayant ouï de sa propre bouche qu'il falloit rendre à Dieu ce qui est à Dieu, et à César ce qui est à César, le font pourtant passer pour un séditieux, un ennemi de César, et qui veut en usurper la souveraine puissance; un impie qui veut renverser la loi et le temple de ses peres; enfin pour un homme de néant, né dans la boue et dans la plus vile populace.

Cette passion amere est comme une frénésie qui change tous les objets à nos yeux; rien ne nous paroît plus sous sa forme naturelle. David a beau remporter des victoires sur les Philistins et assurer la couronne à son maître; aux yeux de Saül ce n'est plus qu'un ambitieux qui veut monter luimême sur le trône. En vain Jérémie justifie la vérité de ses prédictions par les événements et par la sainteté de sa vie; les prêtres, jaloux de sa réputation, publient que c'est un imposteur et un traître qui annonce les malheurs et la ruine entiere de Jérusalem, plus pour décourager ses citoyens et favoriser l'ennemi, que pour prévenir la destruction entiere de sa patrie.

Tout s'empoisonne entre les mains de cette funeste passion; la piété la plus avérée n'est plus

qu'une hypocrisie mieux conduite ; la valeur la
plus éclatante, une pure ostentation, ou un bonheur
qui tient lieu de mérite ; la réputation la mieux
établie, une erreur publique où il entre plus de
prévention que de vérité ; les talents les plus utiles
à l'état, une ambition démesurée qui ne cache
qu'un grand fonds de médiocrité et d'insuffisance ; le zele pour la patrie, un art de se faire valoir et de se rendre nécessaire ; les succès mêmes
les plus glorieux, un assemblage de circonstances
heureuses qu'on doit à la bizarrerie du hasard
plus qu'à la sagesse des mesures ; la naissance la
plus illustre, un grand nom sur lequel on est enté
et qu'on ne tient pas de ses ancêtres.

Enfin la langue du jaloux flétrit tout ce qu'elle
touche, et ce langage si honteux est pourtant le
langage commun des cours : c'est lui qui lie les
sociétés et les commerces ; chacun se cache la
plaie secrete de son cœur, et chacun se la communique ; on a honte du nom du vice, et l'on se
fait honneur du vice même.

Enfin il emprunte même les apparences du
zele et de l'amour du bien public ; les intérêts de
la nation et la conservation du temple et de la loi
paroissent consacrer la jalousie des pontifes contre
Jésus-Christ.

Le zele du bien public devient tous les jours comme la décoration et l'apologie de ce vice. Il semble qu'on ne craint que pour l'état, et on n'envie que les places de ceux qui gouvernent : on blâme les choix du maître comme tombant sur des sujets incapables ; mais ce n'est pas l'intérêt public qui nous pique, c'est la jalousie et le chagrin de n'avoir pas été nous-mêmes choisis : les places où nous aspirions ne sont jamais, selon nous, données au mérite ; la faveur du maître et le bien de l'état ne nous paroissent jamais aller ensemble ; on se donne pour amateur de la patrie, et on n'en aime que les honneurs et les prééminences. Aman trouve la puissance et la religion des Juifs dangereuses à l'empire ; mais ce n'est pas l'état qu'il a dessein de sauver, c'est Mardochée qu'il veut perdre. Les courtisans de Darius accusent Daniel d'avoir violé la loi des Perses ; mais ce n'est pas de la majesté de la loi dont ils sont jaloux, c'est la gloire et la faveur de Daniel qu'ils haïssent.

Tout est plein dans les cours de ces zeles de jalousie : on étale le titre de bon citoyen, et on cache dessous celui de jaloux ; on a sans cesse l'état dans la bouche et la jalousie dans le cœur ; on paroît contristé quand les événements sont

malheureux et ne répondent pas aux vues et aux
mesures de ceux qui sont en place; et l'on s'applaudit plus du blâme qui en retombe sur eux,
qu'on n'est touché des maux qui en peuvent revenir à la patrie.

Et voilà un des plus tristes effets de cette passion infortunée. Ces pontifes demandent que le
sang du juste soit sur eux et sur leurs enfants: la
désolation du temple et de la cité sainte, la cessa-
tion des sacrifices, la dispersion de Juda, la perte
de tout ne leur paroît rien, pourvu que l'innocent
périsse.

Et combien de fois a-t-on vu des hommes publics sacrifier l'état à leurs jalousies particulieres;
faire échouer des entreprises glorieuses à la patrie, de peur que la gloire n'en rejaillît sur leurs
rivaux; ménager des événements capables de renverser l'empire, pour ensevelir leurs concurrents
sous ses ruines, et risquer de tout perdre pour
faire périr un seul homme! Les histoires des
cours et des empires sont remplies de ces traits
honteux, et chaque siecle presque en a vu de
tristes exemples. Mais le véritable zele du bien public ne cherche qu'à se rendre utile; et à l'homme
vertueux et qui aime l'état, les services tiennent
lieu de récompense.

Premiere passion dans les pontifes, qui livre aujourd'hui Jésus-Christ; la jalousie: mais, en second lieu, c'est un lâche intérêt dans Pilate qui le condamne.

SECONDE PARTIE.

Oui, mes freres, la passion, le dieu des grands, c'est la fortune. Ils veulent plaire à César, et c'est le seul devoir qui les occupe; tout ce qui favorise leur élévation s'accorde toujours avec leur conscience; la probité qui nuiroit à leur fortune et qui leur feroit perdre la faveur du maître, n'est plus pour eux que la vertu des sots. Mais dès là qu'on craint plus la disgrace de César que le reproche de sa conscience, si l'on n'a pas encore sacrifié l'honneur et la probité, ce n'est pas le cœur et la volonté, c'est l'occasion qui a manqué aux plus grands crimes.

En effet, il paroit d'abord dans le caractere de Pilate des restes de droiture et de probité; sa conscience s'éleve en faveur de l'innocent; il semble lui-même plaider sa cause; il n'ose le délivrer, et il souhaite pourtant qu'on le délivre: premier degré de l'ambition, la lâcheté. On aime le devoir et l'équité lorsqu'il est utile ou glorieux de se déclarer pour elle, qu'on peut compter sur les suffrages

26

publics, que notre fermeté va nous donner en spectacle au monde, et que nous devenons plus grands aux yeux des hommes par la défense héroïque de la vérité, que nous ne l'aurions été par la dissimulation et la souplesse; nous cherchons la gloire et les applaudissements dans le devoir, et presque toujours c'est la vanité qui donne des défenseurs à la vérité.

A la lâcheté succede la crainte. On menace Pilate de l'indignation de César : *si hunc dimittis, non es amicus Cæsaris*[1]. A cette raison tous les droits les plus sacrés s'évanouissent et ne sont plus comptés pour rien. On n'est pas digne de soutenir la justice et la vérité quand on peut aimer quelque chose plus qu'elle : une démarche opposée à l'honneur et à la conscience est bien plus à craindre, pour une ame noble, que la colere de César. Mais d'ailleurs, SIRE, c'est servir la gloire du prince que de ne pas servir à ses passions; il est beau d'oser s'exposer à son indignation plutôt que de manquer à la fidélité qu'on lui a jurée; et si les princes comme vous peuvent compter sur un ami fidele, il faut qu'ils le cherchent parmi ceux qui les ont assez aimés pour avoir eu le courage d'oser quelquefois leur dé-

(1) Joan. c. 19, v. 12.

plaire: plus ceux qui leur applaudissent sans cesse sont nombreux, plus l'homme vertueux qui ne se joint point aux adulations publiques doit leur être respectable. Mais cet héroïsme de fidélité est rare dans les cours : à peine se trouva-t-il un Daniel dans l'empire parmi tous les satrapes, qui ne connoissoient point d'autre loi que la volonté du prince. Telle est la destinée des souverains : la même puissance qui multiplie autour d'eux les adulateurs, y rend aussi les amis plus rares.

Aussi la crainte de déplaire à César conduit Pilate au dernier degré de la lâcheté, qui abandonne et livre Jésus-Christ. Les cris de ce peuple furieux ne peuvent être calmés que par le sang du juste : s'exposer à leur violence, ce seroit allumer le feu de la sédition ; il vaut encore mieux que l'innocent périsse que si toute la nation alloit se révolter contre César, et il faut acheter le bien public par un crime.

Et voilà toujours le grand prétexte de l'abus que ceux qui sont en place font de l'autorité : il n'est point d'injustice que le bien public ne justifie ; il semble que le bonheur et la sûreté publique ne puissent subsister que par des crimes ; que l'ordre et la tranquillité des empires ne soient jamais dus qu'à l'injustice et à l'iniquité, et qu'il faille renoncer à la vertu pour se dévouer à la patrie.

Non, Sire, je l'ai déja dit ailleurs, et on ne sauroit trop le redire, la loi de Dieu est toute la force et toute la sûreté des loix humaines; tout ce qui attire la colere du ciel sur les états ne sauroit faire le bonheur des peuples; l'ordre et l'utilité publique ne peuvent être le fruit du crime; on sert mal la patrie quand on la sert aux dépens des regles saintes; c'est saper les fondements de l'édifice pour l'embellir et l'élever plus haut; c'est, en affoiblissant ses principaux appuis, y ajouter de vains ornements qui hâtent sa ruine. Les empires ne peuvent se soutenir que par l'équité des mêmes loix qui les ont formés; et l'injustice a bien pu détrôner des souverains, mais elle n'a jamais affermi les trônes : les ministres qui ont outré la puissance des rois l'ont toujours affoiblie; ils n'ont élevé leur maître que sur la ruine de leurs états; et leur zele n'a été utile aux Césars qu'autant qu'il a respecté les loix de l'empire.

C'est donc la jalousie dans les princes des prêtres qui persécute aujourd'hui Jésus-Christ, un vil intérêt dans Pilate qui le livre, et enfin une indifférence criminelle dans Hérode qui en fait un sujet de mépris et de risée.

Hélas! quelle autre destinée pouvoit se promettre la doctrine de l'évangile en se montrant à une cour superbe et voluptueuse? La doctrine sainte n'offre rien qui ne combatte l'orgueil et la volupté, et il n'y a de grand pour ceux qui habitent les palais des rois, que le plaisir et la gloire. Si vous n'y paroissez pas sous ces étendards, ou l'on vous prend pour un censeur et un ennemi, ou ils vous méprisent comme un homme d'une autre espece, et un nouveau venu qui vient porter au milieu d'eux un langage inoui et des manieres étrangeres.

Nous-mêmes, dans ces chaires chrétiennes qui seules leur parlent encore le langage de la vérité, nous-mêmes nous venons souvent ici affoiblir ce langage divin, respecter ce que nous devrions combattre, adoucir par des idées humaines la sévérité des regles saintes, autoriser presque leurs préjugés avant d'oser combattre leurs passions, et, sous prétexte de ne pas les révolter contre la vérité, la leur rendre presque méconnoissable.

Hérode, instruit des merveilles qu'on publioit de Jésus-Christ, s'attend à lui voir opérer des prodiges, et, dans cette attente, il le voit arriver à sa cour avec joie; ce n'est pas la vérité qui l'intéresse, c'est une vaine curiosité qu'il veut satis-

faire, et faire servir Jésus-Christ de spectacle à
son loisir et à son oisiveté. Car c'est de tout temps
que la plupart des princes et des grands ont fait
de la religion un spectacle : les mysteres les plus
augustes et les plus terribles, égayés par tous les
attraits d'une harmonie recherchée, deviennent
pour eux comme des réjouissances profanes
qui les amusent; ils ne cherchent que le plaisir
des sens, jusques dans les devoirs d'un culte qui
n'est établi que pour les combattre; il faut que la
religion, pour leur plaire, emprunte les joies et
tout l'appareil du siecle, et qu'un spectacle digne
des anges ait encore besoin de décoration pour
être un spectacle digne d'eux.

Hérode fait à Jésus-Christ des questions vaines
et frivoles, *interrogabat eum multis sermonibus*;
de ces questions où l'orgueil et l'irréligion ont
plus de part que l'amour de la vérité, qu'on propose plutôt pour se faire une gloire de ses doutes,
que par un desir sincere de les éclaircir; de ces
questions qui n'aboutissent à rien qu'à nous affermir dans l'incrédulité, qui n'ont de sérieux que
l'aveuglement d'où elles prennent leur source; de
ces questions où l'on discourt des vérités éternelles du salut comme de ces vérités douteuses et

____

(1) Luc. c. 23, v. 9.

peu intéressantes que Dieu a livrées à l'oisiveté et à la dispute des hommes, où l'on traite ce qui doit décider du bonheur ou du malheur éternel, comme un problème indifférent dont les deux côtés ont leur vraisemblance, et où l'on peut opter; de ces questions enfin qui sont plutôt des dérisions secretes de la foi que les recherches respectueuses d'un véritable fidele.

Et voilà le seul usage que la plupart des grands font de Jésus-Christ, des questions éternelles sur la religion, *interrogabat eum multis sermonibus;* faisant de Jésus-Christ et de sa doctrine un sujet oiseux et frivole d'entretien et de contestation, au lieu d'en faire l'objet de leur espérance et de leur culte; s'informant de la vérité d'un avenir et de cette autre patrie qui nous attend après le trépas, avec moins d'intérêt qu'ils n'écouteroient les relations d'une terre inconnue et peut-être fabuleuse, où nul mortel n'a pu encore aborder; parlant des faits miraculeux qui établissent la certitude et la divinité de la religion de leurs peres, avec la même incertitude qu'ils parleroient d'un point peu important d'histoire qu'on n'a pas encore éclairci; et par la maniere peu sérieuse dont ils veulent s'instruire de la foi, montrant qu'ils l'ont tout-à-fait perdue.

Aussi Jésus - Christ n'oppose qu'un silence profond à la vanité des questions d'Hérode. On ne mérite les réponses de la vérité que lorsque c'est le desir de la connoître qui l'interroge ; et c'est dans le cœur de ceux qui parlent et disputent plus sur la religion, qu'elle est d'ordinaire plus effacée. Oui, mes freres, on a déja trouvé la vérité quand on la cherche de bonne foi : il ne faut pour la trouver, ni creuser dans les abymes, ni s'élever au-dessus des airs ; il ne faut que l'écouter au-dedans de nous-mêmes. Un cœur innocent et docile entend d'abord sa voix ; les doutes et les recherches que forme l'orgueil, loin de la rapprocher de nous, ferment les yeux à sa lumiere ; elle aveugle les sages et les juges orgueilleux de ses mysteres, et ne se communique qu'à ceux qui font gloire d'en être les disciples. La soumission est la source des lumieres ; plus on veut raisonner, plus on s'égare ; plus on doute, plus Dieu permet que les doutes augmentent : la raison, une fois sortie de la regle, ne trouve plus rien qui l'arrête ; plus elle avance, plus elle se creuse de précipices. Aussi l'hérésie, d'abord timide dans sa naissance, va toujours croissant, et ne garde plus de mesures dans ses progrès : elle n'en vouloit d'abord, parmi nous, qu'aux abus prétendus du culte, elle a depuis attaqué le culte lui-même : elle se plaignoit que nous dégradions Jésus-Christ de sa qualité de médiateur; elle a enfanté des disciples qui l'ont dégradé de sa divinité et de sa naissance éternelle : elle vouloit réformer la religion; elle a fini par les approuver toutes, ou, pour mieux dire, par n'en plus avoir et n'en plus connoître aucune : elle prétendoit s'en tenir à la lettre aux livres saints; et cette lettre a été pour elle une lettre de mort, et ses faux prophetes y ont puisé un fanatisme et des visions sur l'avenir que l'événement a démenties et dont elle a rougi elle-même. Non, mes freres, la foi est le seul point qui peut fixer l'esprit humain : si vous passez au-delà, vous n'avez plus de route assurée, vous entrez dans une terre ténébreuse et couverte des ombres de la mort, vous n'y voyez plus que des fantômes, les tristes enfants des ténebres; et comme la raison n'a plus de frein, l'erreur aussi n'a plus de bornes.

En effet, les questions d'Hérode le conduisent à faire de Jésus-Christ un sujet de risée, *sprevit autem illum Herodes*[1]; et toute sa cour suit son exemple, *cum exercitu suo*. La vertu la plus pure, dès qu'elle déplaît au souverain, est bientôt digne

_____
(1) Luc. c. 23, v. 11.

de l'oubli et du mépris même du courtisan : c'est le goût du prince qui décide presque toujours pour eux de la vérité et du mérite; leur religion est toute, pour ainsi dire, sur le visage du maître; c'est là leur loi et leur évangile; et ils n'ont rien de plus fixe dans leur culte que les caprices et les passions de l'idole qu'ils adorent.

Aussi l'attention, SIRE, la plus essentielle que les rois doivent à la place où Dieu les a fait asseoir, c'est de rendre la religion respectable, en ne se permettant jamais la plus légere dérision qui puisse en blesser la majesté. Les plus jeunes années de votre auguste bisaïeul ne le virent jamais s'écarter de cette regle; ce fut pour lui la regle de tous les temps et de tous les lieux; son respect pour la religion de ses peres imposa toujours devant lui un silence éternel à l'impiété; son langage fut toujours le langage du premier roi chrétien, c'est-à-dire le langage respectable de la foi; l'irréligion étoit le seul crime auquel il ne pardonnoit point; tout étoit sérieux pour lui sur cet article; nulle joie, nul plaisir n'autorisa jamais devant lui la moindre dérision qui pût intéresser le culte de ses ancêtres; religieux jusqu'au milieu des réjouissances d'une cour jeune et florissante, la foi ne souffrit jamais des plaisirs et des dissipations inévitables à la jeunesse des rois. Sur ce point, SIRE, tout devient capital dans la bouche d'un souverain ; une simple légèreté va autoriser la licence de l'impiété, ou faire de nouveaux impies ; on croit plaire en enchérissant, et les railleries du maître deviennent bientôt des blasphèmes dans la bouche du courtisan.

Telles sont les passions que les grands opposent à la vérité, et qui condamnent Jésus-Christ à la mort. Que ne puis-je achever, et vous montrer les passions des grands condamnées par la mort de Jésus-Christ !

Hélas ! en est-il une seule que sa croix ne confonde ? Il ne meurt que pour rendre témoignage à la vérité, il en est le premier martyr ; et les grands craignent la vérité, et il est rare qu'elle ait accès auprès de leur trône. Il n'est roi que pour être la victime de son peuple ; et les peuples sont d'ordinaire la victime de l'ambition des princes et des rois. Les marques de son autorité, son sceptre, sa couronne, sont les instruments de ses souffrances ; et l'unique usage que les grands font de leur autorité, c'est de la faire servir à leurs plaisirs injustes. Au milieu de ses peines et de ses douleurs, il n'est occupé que de nos intérêts ; et les grands, au milieu de leurs plaisirs, ne daignent pas même

s'occuper des peines et des souffrances de leurs
freres. Il souffre à notre place; et les grands
croient que tout doit souffrir pour eux. Il vient
de tous les peuples ne faire qu'un peuple, réconcilier toutes les nations, éteindre toutes les guerres; et c'est la vanité des grands qui les allume et
qui les éternise sur la terre. Que dirai-je? il n'est
roi que parcequ'il est sauveur, ses bienfaits forment tous ses titres, ses qualités glorieuses ne
sont que les différents offices de son amour pour
nous: tout ce qu'il est de plus grand, il ne l'est
que pour les hommes, il est tout à nos usages; et
les grands comptent le reste des hommes pour
rien, et ne croient être nés que pour eux-mêmes.

Voilà, SIRE, le grand modele des rois. Du haut
de sa croix il instruit les grands et les princes de
la terre: Regardez, leur dit-il, et faites selon ce
modele; j'ai quitté mon royaume et je suis descendu de ma gloire pour sauver mes sujets; vous
n'êtes rois que pour eux, et leur bonheur doit
être l'unique objet de tous les soins attachés à
votre couronne. Oui, SIRE, c'est un roi qui donne
sa vie pour son peuple, et il ne vous demande que
votre amour pour le vôtre: c'est un roi qui ne va
conquérir le monde que pour l'acquérir à Dieu,
ne combattez que pour lui, et vous serez toujours

sûr de la victoire : c'est un roi qui fait de la croix son trône et le lieu de ses douleurs et de ses souffrances ; regardez le vôtre comme un lieu de soins et de travail, et non comme le siege de la volupté et de la mollesse : c'est un roi qui ne veut régner que sur les cœurs ; l'usage le plus glorieux de votre autorité, c'est celui qui vous assurera l'amour de vos peuples : c'est un roi qui vient apporter la paix, la vérité, la justice aux hommes, et qui ne veut que les rendre heureux ; Sire, régnez pour notre bonheur, et vous régnerez pour le vôtre.

Ô mon Sauveur ! c'est aujourd'hui que vous commencez à régner vous-même sur toutes les nations ; vos derniers soupirs sont comme les prémices sacrées de votre regne, et c'est par la croix que vous allez conquérir l'univers. Grand Dieu ! que ce soit elle qui affermisse le regne de l'enfant précieux que vous voyez ici à vos pieds ; que la religion en consacre les prémices et en couronne la durée : ce sont ses glorieux ancêtres qui l'ont placée parmi nous sur le trône ; que ce soit elle qui y soutienne l'enfant auguste qui ne peut vous offrir encore que son innocence, la foi de ses peres, les malheurs qui ont entouré son berceau royal, et la tendresse la plus vive de ses sujets.

Conservez l'enfant de tant de saints et de tant
de protecteurs de la foi sainte : ils exposerent autrefois leur vie et leur couronne pour aller recou-
vrer votre héritage ; conservez le sien à cet enfant
précieux, afin qu'il puisse un jour défendre et
protéger l'Église, que le Pere vous donne aujour-
d'hui comme l'héritage que vous avez acquis
par votre sang : ils revinrent chargés des dépouilles sacrées de la croix ; que ce dépôt saint
dont ils enrichirent cette ville régnante, que ce
gage précieux de la piété de ses peres, sollicite
aujourd'hui sur-tout vos graces en sa faveur. N'a-
bandonnez pas l'héritier de tant de princes qui
ont été les premiers défenseurs de votre nom et
de votre gloire. Les coups de votre colere l'ont
épargné au milieu des débris de son auguste famille ; laissez-nous, grand Dieu, jouir de votre
bienfait, que nous avons acheté si cher : que ce
reste heureux de tant de têtes augustes que nous
avons vues tomber à la fois répare nos pertes et
essuie nos larmes : comblez-le lui seul de toutes les
graces que vous aviez réservées dans vos trésors
éternels à tant de princes qui devoient régner à
sa place, et auxquels sa couronne étoit destinée :
réunissez en lui tout ce que vous deviez partager
sur les autres ; et que son regne rassemble toutes

les bénédictions et tous les genres de bonheur que nous nous promettions séparément sous les regnes des princes qu'une mort prématurée nous a enlevés, et auxquels vous n'avez refusé sans doute sur la terre une couronne que la naissance leur destinoit, que pour leur en préparer dans le ciel une éternelle.   Ainsi soit-il.

SERMON
POUR LE JOUR
DE PÂQUES.

SUR LE TRIOMPHE DE LA RELIGION.

EXSPOLIANS principatus et potestates, traduxit confidenter palàm triumphans illos in semetipso.

JÉSUS-CHRIST ayant désarmé les principautés et les puissances, il les a menées hautement en triomphe à la face de tout le monde, après les avoir vaincues en sa propre personne. (COL. c. 2, v. 15.)

SIRE,

LES vains triomphes des conquérants n'étoient qu'un spectacle d'orgueil, de larmes, de désespoir et de mort; c'étoit le triomphe lugubre des passions humaines : et ils ne laissoient après eux que les tristes marques de l'ambition des vainqueurs et de la servitude des vaincus.

Le triomphe de Jésus-Christ est aujourd'hui, pour les nations mêmes qui deviennent sa conquête, un triomphe de paix, de liberté et de gloire.

Il triomphe de ses ennemis, mais pour les délivrer et les associer à sa puissance. Il triomphe du péché; mais, en effaçant et attachant à la croix cet écrit fatal de notre condamnation, il en fait couler sur nous une source de sainteté et de grace. Il triomphe de la mort, mais pour nous assurer l'immortalité.

Telle est la gloire de la religion : elle n'offre d'abord que les opprobres et les souffrances de la croix; mais c'est un triomphe glorieux, et le plus grand spectacle que l'homme puisse donner à la terre. Rien ici bas n'est plus grand que la vertu : tous les autres genres de gloire, on les doit au hasard ou à l'adulation, et à l'erreur publique; celle-ci on ne la doit qu'à Dieu et à soi-même. On en fait une honte aux princes et aux puissants; et cependant c'est par elle seule qu'ils peuvent être grands, puisque c'est par elle seule qu'ils peuvent triompher de leurs ennemis, de leurs passions, et de la mort même.

Exposons ces vérités si honorables à la foi, et consacrons à la gloire de la religion l'instruction

28

de ce dernier jour, qui est le grand jour des triomphes de Jésus-Christ.

PREMIERE PARTIE

SIRE,

La gloire des princes et des grands a trois écueils à craindre sur la terre : la malignité de l'envie, ou les inconstances de la fortune qui l'obscurcissent ; les passions qui la déshonorent ; enfin, la mort même qui l'ensevelit, et qui change en censures les vaines adulations qui l'avoient exaltée.

La religion seule les met à couvert de ces écueils inévitables, et où toute la gloire humaine vient d'ordinaire échouer : elle les éleve au-dessus des événements et de l'envie ; elle leur assujettit leurs passions ; enfin, elle leur assure après leur mort la gloire que la malignité leur avoit peut-être refusée pendant leur vie. C'est ce qui fait aujourd'hui le triomphe de Jésus-Christ ; et c'est ce modele glorieux que nous proposons aux grands de la terre.

Toute la gloire de sa sainteté et de ses prodiges n'avoit pu le sauver des traits de l'envie ; et son innocence avoit paru succomber aux puissances des ténebres qui l'avoient opprimée. Mais sa résurrection attache à son char de triomphe ces principautés et ces puissances mêmes : sa gloire sort triomphante du sein de ses opprobres : sa croix devient le signal éclatant de sa victoire : la Judée seule l'avoit rejeté, et l'univers entier l'adore.

Oui, mes freres, quelle que puisse être la gloire des grands sur la terre, elle a toujours à craindre : premièrement la malignité de l'envie qui cherche à l'obscurcir. Hélas ! c'est à la cour sur-tout où cette vérité n'a pas besoin de preuve. Quelle est la vie la plus brillante où l'on ne trouve des taches ? Où sont les victoires qui n'aient une de leurs faces peu glorieuse au vainqueur ? Quels sont les succès où les uns ne prêtent au hasard les mêmes événements dont les autres font honneur aux talents et à la sagesse ? Quelles sont les actions héroïques qu'on ne dégrade en y cherchant des motifs lâches et rampants ? En un mot, où sont les héros dont la malignité et peut-être la vérité ne fasse des hommes ?

Tant que vous n'aurez que cette gloire où le monde aspire, le monde vous la disputera : ajoutez-y la gloire de la vertu ; le monde la craint et la fuit, mais le monde pourtant la respecte.

Non, SIRE, un prince qui craint Dieu et qui gouverne sagement ses peuples n'a plus rien à craindre des hommes. Sa gloire toute seule auroit pu faire des envieux ; sa piété rendra sa gloire même respectable. Ses entreprises auroient trouvé des censeurs ; sa piété sera l'apologie de sa conduite. Ses prospérités auroient excité la jalousie ou la défiance de ses voisins ; il en deviendra par sa piété l'asyle et l'arbitre. Ses démarches ne seront jamais suspectes, parcequ'elles seront toujours annoncées par la justice. On ne sera pas en garde contre son ambition, parceque son ambition sera toujours réglée par ses droits. Il n'attirera point sur ses états le fléau de la guerre, parcequ'il regardera comme un crime de la porter sans raison dans les états étrangers. Il réconciliera les peuples et les rois, loin de les diviser pour les affoiblir et élever sa puissance sur leurs divisions et sur leur foiblesse. Sa modération sera le plus sûr rempart de son empire : il n'aura pas besoin de garde qui veille à la porte de son palais ; les cœurs de ses sujets entoureront son trône et brilleront autour à la place des glaives qui le défendent. Son autorité lui sera inutile pour se faire obéir ; les ordres les plus sûrement accomplis sont ceux que l'amour exécute : et la soumission sera sans murmure, parcequ'elle sera sans contrainte. Toute sa puissance l'auroit rendu à peine maître de ses peuples ; par la vertu il deviendra l'arbitre même des souverains. Tel étoit, SIRE, un de vos plus saints prédécesseurs, à qui l'Église rend des honneurs publics, et qu'elle regarde comme le protecteur de votre monarchie. Les rois ses voisins, loin d'envier sa puissance, avoient recours à sa sagesse : ils s'en remettoient à lui de leurs différends et de leurs intérêts. Sans être leur vainqueur, il étoit leur juge et leur arbitre ; et la vertu toute seule lui donnoit sur toute l'Europe un empire bien plus sûr et plus glorieux que n'auroient pu lui donner ses victoires. La puissance ne nous fait que des sujets et des esclaves : la vertu toute seule nous rend maîtres des hommes.

Mais si elle nous met au-dessus de l'envie, c'est elle encore qui nous rend supérieurs aux événements. Oui, SIRE, les plus grandes prospérités ont toujours ici-bas des retours à craindre. Dieu, qui ne veut pas que notre cœur s'attache où notre trésor et notre bonheur ne se trouvent point, fait quelquefois du plus haut point de notre élévation le premier degré de notre décadence. La gloire des hommes, montée à son plus grand éclat, s'attire pour ainsi dire à elle-même des nuages. L'histoire des états et des empires n'est elle-même que l'histoire de la fragilité et de l'inconstance des choses humaines : les bons et les mauvais succés semblent s'être partagé la durée des ans et des siecles ; et nous venons de voir le regne le plus long et le plus glorieux de la monarchie finir par des revers et par des disgraces.

Mais, sur les débris de cette gloire humaine, votre pieux et auguste bisaïeul sut s'en élever une plus solide et plus immortelle. Tout sembla fondre et s'éclipser autour de lui ; mais c'est alors que nous le vimes à découvert lui-même : plus grand par la simplicité de sa foi et par la constance de sa piété que par l'éclat de ses conquêtes, ses prospérités nous avoient caché sa véritable gloire ; nous n'avions vu que ses succès, nous vimes alors toutes ses vertus : il falloit que ses malheurs égalassent ses prospérités, qu'il vit tomber autour de lui tous les princes les appuis de son trône, que votre vie même fût menacée, cette vie si chere à la nation, et le seul gage de ses miséricordes que Dieu laisse encore à son peuple ; il falloit qu'il demeurât tout seul avec sa vertu pour paroître tout ce qu'il étoit : ses succès inouis lui avoient valu le nom de grand ; ses sentiments héroïques et chrétiens dans l'adversité lui en ont assuré pour tous les âges à venir le nom et le mérite.

Non, mes freres, il n'est que la religion qui puisse nous mettre au-dessus des événements; tous les autres motifs nous laissent toujours entre les mains de notre foiblesse. La raison, la philosophie, promettoit la constance à son sage, mais elle ne la donnoit pas; la fermeté de l'orgueil n'étoit que la derniere ressource du découragement, et l'on cherchoit une vaine consolation en faisant semblant de mépriser des maux qu'on n'étoit pas capable de vaincre. La plaie qui blesse le cœur ne peut trouver son remede que dans le cœur même; or la religion toute seule porte son remede dans le cœur. Les vains préceptes de la philosophie nous prêchoient une insensibilité ridicule, comme s'ils avoient pu éteindre les sentiments naturels sans éteindre la nature elle-même: la foi nous laisse sensibles, mais elle nous rend soumis; et cette sensibilité fait elle-même tout le mérite de notre soumission: notre sainte philosophie n'est pas insensible aux peines, mais elle est supérieure à la douleur. C'étoit ôter aux hommes la gloire de la fermeté dans les souffrances, que de leur en ôter le sentiment; et la sagesse païenne ne vouloit les rendre insensibles que parcequ'elle ne pouvoit les rendre soumis et patients; elle apprenoit à l'orgueil à cacher, et non à surmonter ses sensibilités et ses foiblesses; elle formoit des héros de théâtre, dont les grands sentiments n'étoient que pour les spectateurs, et aspiroit plus à la gloire de paroître constant qu'à la vertu même de la constance.

Mais la foi nous laisse tout le mérite de la fermeté, et ne veut pas même en avoir l'honneur devant les hommes; elle sacrifie à Dieu seul les sentiments de la nature, et ne veut, pour témoin de son sacrifice, que celui seul qui peut en être le rémunérateur; elle seule donne de la réalité à toutes les autres vertus, parcequ'elle seule en bannit l'orgueil qui les corrompt ou qui n'en fait que des fantômes.

Ainsi, qu'on vante l'élévation et la supériorité de vos lumieres, qu'une haute sagesse vous fasse regarder comme l'ornement et le prodige de votre siecle: si cette gloire n'est qu'au-dehors, si la religion, qui seule éleve le cœur, n'en est pas la premiere base; le premier échec de l'adversité renversera tout cet édifice de philosophie et de fausse sagesse; tous ces appuis de chair s'écrouleront sous votre main, ils deviendront inutiles à votre malheur; on cherchera vos grandes qualités

dans votre découragement; et votre gloire ne sera
plus qu'un poids ajouté à votre affliction, qui
vous la rendra plus insupportable. Le monde se
vante de faire des heureux, mais la religion toute
seule peut nous rendre grands au milieu de nos
malheurs mêmes.

SECONDE PARTIE.

Premier triomphe de Jésus-Christ: il triomphe de la malignité de l'envie et de tous les opprobres qu'elle lui avoit attirés de la part de ses
ennemis. Mais il triomphe encore du péché: il
emmene captif ce premier auteur de la captivité
de tous les hommes; il nous rétablit dans tous les
droits glorieux dont nous étions déchus, et nous
rend par la grace la supériorité sur nos passions,
que nous avions perdue avec l'innocence.

Second avantage de la religion: elle nous éleve
au-dessus de nos passions, et c'est le plus haut
degré de gloire où l'homme puisse ici bas atteindre. Oui, mes freres, en vain le monde insulte
tous les jours à la piété par des dérisions insen-
sées; en vain, pour cacher la honte des passions,
il fait presque à l'homme de bien une honte de la
vertu; en vain il la représente, aux grands sur-
tout, comme une foiblesse et comme l'écueil de

29

leur gloire; en vain il autorise leurs passions par
les grands exemples qui les ont précédés, et par
l'histoire des souverains qui ont allié la licence
des mœurs avec un regne glorieux et l'éclat des
victoires et des conquêtes: leurs vices, venus jusqu'à nous, et rappellés d'âge en âge, formeront
jusqu'à la fin le trait honteux qui efface l'éclat de
leurs grandes actions, et qui déshonore leur histoire.

Plus même ils sont élevés, plus le déréglement
des mœurs les dégrade; et *leur ignominie*, dit l'Esprit de Dieu, *croît à proportion de leur gloire*[1].
Outre que leur rang, en les plaçant au-dessus de
nos têtes, expose leurs vices comme leur personne aux yeux du public: quelle honte, lorsque
ceux qui sont établis pour régler les passions de
la multitude, deviennent eux-mêmes les vils
jouets de leurs passions propres, et que la force,
l'antorité, la pudenr des loix se trouve confiée à
ceux qui ne connoissent de loi que le mépris public de toute bienséance et leur propre foiblesse!
Ils devoient régler les mœurs publiques, et ils les
corrompent; ils étoient donnés de Dieu pour être
les protecteurs de la vertu, et ils deviennent les
appuis et les modeles du vice.

(1) I Mac. c. 1, v. 42.

Toute la gloire humaine ne sauroit jamais effacer l'opprobre que leur laisse le désordre des mœurs et l'emportement des passions; les victoires les plus éclatantes ne couvrent pas la honte de leurs vices : on loue les actions, et l'on méprise la personne; c'est de tout temps qu'on a vu la réputation la plus brillante échouer contre les mœurs du héros, et ses lauriers flétris par ses foiblesses : le monde, qui semble mépriser la vertu, n'estime et ne respecte pourtant qu'elle; il élève des monuments superbes aux grandes actions des conquérants; il fait retentir la terre du bruit de leurs louanges; une poésie pompeuse les chante et les immortalise; chaque Achille a son Homère; l'éloquence s'épuise pour leur donner du lustre : l'appareil des éloges est donné à l'usage et à la vanité; l'admiration secrete et les louanges réelles et sinceres, on ne les donne qu'à la vertu et à la vérité.

Et en effet, le bonheur ou la témérité ont pu faire des héros; mais la vertu toute seule peut former de grands hommes : il en coûte bien moins de remporter des victoires que de se vaincre soimême; il est bien plus aisé de conquérir des provinces et de domter des peuples, que de domter une passion; la morale même des païens en est

convenue. Du moins les combats où président la
fermeté, la grandeur du courage, la science militaire, sont de ces actions rares que l'on peut compter aisément dans le cours d'une longue vie; et
quand il ne faut être grand que certains moments,
la nature ramasse toutes ses forces, et l'orgueil,
pour un peu de temps, peut suppléer à la vertu.
Mais les combats de la foi sont des combats de
tous les jours: on a affaire à des ennemis qui renaissent de leur propre défaite. Si vous vous las-
sez un instant, vous périssez: la victoire même a
ses dangers; l'orgueil, loin de vous aider, devient
le plus dangereux ennemi que vous ayez à combattre: tout ce qui vous environne fournit des
armes contre vous; votre cœur lui-même vous
dresse des embûches; il faut sans cesse recommencer le combat. En un mot, on peut être quelquefois plus fort ou plus heureux que ses ennemis; mais qu'il est grand d'être toujours plus fort
que soi-même!

Telle est pourtant la gloire de la religion: la
philosophie découvroit la honte des passions,
mais elle n'apprenoit pas à les vaincre; et ses préceptes pompeux étoient plutôt l'éloge de la vertu
que le remede du vice.

Il étoit même nécessaire à la gloire et au triomphe de la religion que les plus grands génies et toute la force de la raison humaine se fût épuisée pour rendre les hommes vertueux. Si les Socrate et les Platon n'avoient pas été les docteurs du monde avant Jésus-Christ, et n'eussent pas entrepris en vain de régler les mœurs et de corriger les hommes par la force seule de la raison, l'homme auroit pu faire honneur de sa vertu à la supériorité de sa raison, ou à la beauté de la vertu même; mais ces prédicateurs de la sagesse ne firent point de sages, et il falloit que les vains essais de la philosophie préparassent de nouveaux triomphes à la grace.

C'est elle enfin qui a montré à la terre le véritable sage, que tout le faste et tout l'appareil de la raison humaine nous annonçoit depuis si long-temps. Elle n'a pas borné toute sa gloire, comme la philosophie, à essayer d'en former à peine un dans chaque siecle parmi les hommes; elle en a peuplé les villes, les empires, les déserts; et l'univers entier a été pour elle un autre Lycée, où, au milieu des places publiques[1], elle a prêché la sagesse à tous les hommes. Ce n'est pas seulement parmi les peuples les plus polis qu'elle a choisi ses sages; le Grec et le Barbare, le Romain et le Scythe,

____
(1) Prov. c. 8, v. 1, 3, 4.

ont été également appellés à sa divine philosophie : ce n'est pas aux savants tout seuls qu'elle a réservé la connoissance sublime de ses mysteres ; le simple a prophétisé comme le sage, et les ignorants eux-mêmes sont devenus ses docteurs et ses apôtres : il falloit que la véritable sagesse pût devenir la sagesse de tous les hommes.

Que dirai-je ? sa doctrine étoit insensée en apparence, et les philosophes soumirent leur raison orgueilleuse à cette sainte folie ; elle n'annonçoit que des croix et des souffrances, et les Césars devinrent ses disciples ; elle seule vint apprendre aux hommes que la chasteté, l'humilité, la tempérance, pouvoient être assises sur le trône, et que le siege des passions et des plaisirs pouvoit devenir le siege de la vertu et de l'innocence : quelle gloire pour la religion !

Mais, Sire, si la piété des grands est glorieuse à la religion, c'est la religion toute seule qui fait la gloire véritable des grands. De tous leurs titres, le plus honorable, c'est la vertu : un prince, maître de ses passions ; apprenant sur lui-même à commander aux autres ; ne voulant goûter de l'autorité que les soins et les peines que le devoir y attache ; plus touché de ses fautes que des vaines louanges qui les lui déguisent en vertus ;

regardant comme l'unique privilege de son rang
l'exemple qu'il est obligé de donner aux peuples ;
n'ayant point d'autre frein ni d'autre regle que ses
desirs, et faisant pourtant à tous ses desirs un frein
de la regle même ; voyant autour de lui tous les
hommes prêts à servir à ses passions, et ne se
croyant fait lui-même que pour servir à leurs besoins ; pouvant abuser de tout, et se refusant
même ce qu'il auroit en droit de se permettre ; en
un mot, entouré de tous les attraits du vice, et ne
leur montrant jamais que la vertu : un prince de
ce caractere est le plus grand spectacle que la foi
puisse donner à la terre ; une seule de ses jour-
nées compte plus d'actions glorieuses que la longue carriere d'un conquérant ; l'un a été le héros
d'un jour, et l'autre l'est de toute la vie.

TROISIEME PARTIE.

C'est ainsi que Jésus-Christ triomphe aujour-
d'hui du péché : mais il triomphe encore de la
mort ; il nous ouvre les portes de l'immortalité,
que le péché nous avoit fermées ; et le sein même
de son tombeau enfante tous les hommes à la vie
éternelle.

C'est le dernier trait qui acheve le triomphe de
la religion. L'impiété ne donnoit à l'homme que

la même fin qu'à la bête ; tout devoit mourir avec
son corps : et cet être si noble, seul capable d'aimer et de connoître, n'étoit pourtant qu'un vil
assemblage de boue que le hasard avoit formé, et
que le hasard seul alloit dissoudre pour toujours.

La superstition païenne lui promettoit au-delà
du tombeau une félicité oiseuse, où les vains fantômes des sens devoient faire tout le bonheur
d'un homme qui ne peut être heureux que par la
vérité.

La religion nous ouvre des espérances plus nobles et plus sublimes : elle rend à l'homme l'immortalité, que l'impiété de la philosophie avoit
voulu lui ravir, et substitue la possession éternelle
du bien souverain à ces champs fabuleux et à ces
idées puériles de bonheur que la superstition
avoit imaginées.

Mais cette immortalité, qui est la plus douce
espérance de la foi, n'est promise qu'à la foi
même : ses promesses sont la récompense de ses
maximes ; et pour ne mourir jamais, même devant les hommes, il faut avoir vécu selon Dieu.

Oui, mes freres, cette immortalité même de
renommée, que la vanité promet ici bas dans le
souvenir des hommes, les grands ne peuvent la
mériter que par la vertu.

La mort est presque toujours l'écueil et le terme fatal de leur gloire : les vaines louanges dont on les avoit abusés pendant leur vie, descendent presque aussitôt avec eux dans l'oubli du tombeau ; ils ne survivent pas long-temps à eux-mêmes, ou, s'il en reste quelque souvenir parmi les hommes, ils en sont plus redevables à la malignité des censures qu'à la vanité des éloges : leurs louanges n'ont eu que la même durée que leurs bienfaits ; ils ne sont plus rien dès qu'ils ne peuvent plus rien ; leurs adulateurs mêmes deviennent leurs censeurs (car l'adulation dégénere toujours en ingratitude) ; de nouvelles espérances forment un nouveau langage ; on éleve sur les débris de la gloire du mort, la gloire du vivant ; on embellit de ses dépouilles et de ses vertus celui qui prend sa place. Les grands sont proprement le jouet des passions des hommes ; leur gloire n'a point de consistance assurée, et elle augmente ou diminue avec les intérêts de ceux qui les louent.

Combien de princes, vantés pendant leur vie, n'ont pas même laissé leur nom à la postérité ! Et que sont les histoires des états et des empires, qu'un petit reste de noms et d'actions échappé de cette foule innombrable qui, depuis la naissance des siecles, est demeurée dans l'oubli !

Qu'ils vivent selon Dieu, et leur nom ne pé-
rira jamais de la mémoire des hommes: les princes
religieux sont écrits en caracteres ineffaçables
dans les annales de l'univers. Les victoires et les
conquétes sont de tous les siecles et de tous les
regnes, et elles s'effacent, pour ainsi dire, les unes
les autres dans nos histoires; mais les grandes actions de piété, plus rares, y conservent toujours
tout leur éclat. Un prince pieux se démêle toujours de la foule des autres princes dans la postérité; sa tête et son nom s'élevent au-dessus de
toute cette multitude, comme celle de Saül s'éle-
voit au-dessus de toute la multitude des tribus; sa
gloire va même croissant en s'éloignant; et plus
les siecles se corrompent, plus il devient un grand
spectacle par sa vertu.

Oui, Sire, on a presque oublié les noms de
ces premiers conquérants qui jeterent dans les
Gaules les premiers fondements de votre monarchie; ils sont plus connus par les fables et par les
romans que par les histoires, et l'on dispute même
s'il faut les mettre au nombre de vos augustes
prédécesseurs: ils sont demeurés comme ensevelis dans les fondements de l'empire qu'ils ont élevé; et leur valeur, qui a perpétué la conquête du
royaume à leurs descendants, n'a pu y perpétuer
leur mémoire.

Mais le premier prince qui a fait asseoir avec lui la religion sur le trône des François, a immortalisé tous ses titres par celui de chrétien. La France a conservé chèrement la mémoire du grand Clovis; la foi est devenue, pour ainsi dire, la premiere et la plus sûre époque de l'histoire de la monarchie; et nous ne commençons à connoître vos ancêtres que depuis qu'ils ont commencé eux-mêmes à connoître Jésus-Christ.

Les saints rois dont les noms sont écrits dans nos annales seront toujours les titres les plus précieux de la monarchie, et les modeles illustres que chaque siecle proposera à leurs successeurs.

C'est sur la vie, Sire, de ces pieux princes vos ancêtres qu'on a déja fixé vos premiers regards: on vous anime tous les jours à la vertu par ces grands exemples. Souvenez-vous des Charlemagne et des saint Louis, qui ajouterent à l'éclat de la couronne que vous portez, l'éclat immortel de la justice et de la piété; c'est ce que répetent tous les jours à votre majesté de sages instructions. Ne remontez pas même si haut: vous touchez à des exemples d'autant plus intéressants qu'ils doivent vous être plus chers; et la piété coule de plus prés dans vos veines avec le sang d'un pere pieux et d'un auguste bisaïeul.

Vous êtes, SIRE, le seul héritier de leur trône;
puissiez-vous l'être de leurs vertus! Puissent ces
grands modeles revivre en vous par l'imitation
plus encore que par le nom! Puissiez-vous devenir vous-même le modele des rois vos successeurs!

Déja, si notre tendresse ne nous séduit pas; si
une enfance cultivée par tant de soins et par des
mains si habiles, et où l'excellence de la nature
semble prévenir tous les jours celle de l'éducation, ne nous fait pas de nos desirs de vaines prédictions; déja s'ouvrent à nous de si douces espérances; déja nous voyons briller de loin les premieres lueurs de notre prospérité future; déja la
majesté de vos ancêtres, peinte sur votre front,
nous annonce vos grandes destinées. Puissiez-
vous donc, SIRE, et ce souhait les renferme tous,
puissiez-vous être un jour aussi grand que vous
nous êtes cher!

Grand Dieu! si ce n'étoient là que mes vœux
et mes prieres, les dernieres sans doute que mon
ministere, attaché désormais par les jugements
secrets de votre providence au soin d'une de vos
églises, me permettra de vous offrir dans ce lieu
auguste; si ce n'étoient là que mes vœux et mes
prieres; eh! qui suis-je, pour espérer qu'elles pus-

sent monter jusqu'à votre trône? mais ce sont les vœux de tant de saints rois qui ont gouverné la monarchie, et qui, mettant leurs couronnes devant l'autel éternel aux pieds de l'agneau, vous demandent pour cet enfant auguste la couronne de justice qu'ils ont eux-mêmes méritée.

Ce sont les vœux du prince pieux sur-tout qui lui donna la naissance, et qui, prosterné dans le ciel, comme nous l'espérons, devant la face de votre gloire, ne cesse de vous demander que cet unique héritier de sa couronne le devienne aussi des graces et des miséricordes dont vous l'aviez prévenu lui-même.

Ce sont les vœux de tous ceux qui m'écoutent, et qui, ou chargés du soin de son enfance, ou attachés de plus près à sa personne sacrée, répandent ici leur cœur en votre présence, afin que cet enfant précieux, qui est comme l'enfant de nos soupirs et de nos larmes, non seulement ne périsse pas, mais devienne lui-même le salut de son peuple.

Que dirai-je encore? ce sont, ô mon Dieu, les vœux que toute la nation vous offre aujourd'hui par ma bouche; cette nation que vous avez protégée dès le commencement, et qui, malgré ses crimes, est encore la portion la plus florissante de votre Église.

Pourrez-vous, grand Dieu, fermer à tant de vœux les entrailles de votre miséricorde? Dieu des vertus, tournez-vous donc vers nous: *Deus virtutum, convertere*[1]. Regardez du haut du ciel, et voyez, non les dissolutions publiques et secretes, mais les malheurs de ce premier royaume chrétien, de cette vigne si chérie que votre main elle-même a plantée, et qui a été arrosée du sang de tant de martyrs! *respice de cœlo, et vide, et visita vineam istam quam plantavit dextera tua*. Jetez sur elle vos anciens regards de miséricorde; et si nos crimes vous forcent encore de détourner de nous votre face, que l'innocence du moins de cet auguste enfant que vous avez établi sur nous, vous rappelle et vous rende à votre peuple: *et super filium hominis, quem confirmasti tibi*.

Vous nous avez assez affligés, grand Dieu! essuyez enfin les larmes que tant de fléaux que vous avez versés sur nous dans votre colere, nous font répandre: faites succéder des jours de joie et de miséricorde à ces jours de deuil, de courroux et de vengeance: que vos faveurs abondent où vos châtiments avoient abondé, et que cet enfant si cher soit pour nous un don qui répare toutes nos pertes.

(1) Ps. 79, v. 15, 16.

Faites-en, grand Dieu, un roi selon votre cœur, c'est-à-dire le pere de son peuple, le protecteur de votre Église, le modele des mœurs publiques, le pacificateur plutôt que le vainqueur des nations, l'arbitre plus que la terreur de ses voisins; et que l'Europe entiere envie plus notre bonheur, et soit plus touchée de ses vertus, qu'elle ne soit jalouse de ses victoires et de ses conquêtes.

Exaucez des vœux si tendres et si justes, ô mon Dieu! et que ces faveurs temporelles soient pour nous un gage de celles que vous nous préparez dans l'éternité.   Ainsi soit-il.

FIN DU PETIT CARÊME.

SERMON

SUR LES VICES ET LES VERTUS

DES GRANDS.

SERMON
SUR LES VICES ET LES VERTUS
DES GRANDS.

Ostendit ei omnia regna mundi, et gloriam eorum ; et dixit ei : Hæc omnia tibi dabo, si cadens adoraveris me.

Le démon montra à Jésus-Christ tous les royaumes du monde, et toute la pompe et la gloire qui les environnent ; et il lui dit : Je vous donnerai toutes ces choses, si en vous prosternant devant moi vous m'adorez. (MATTH. c. 4, v. 8, 9.)

SIRE,

LES prospérités humaines ont toujours été un des pieges les plus dangereux dont le démon s'est servi pour perdre les hommes : il sait que l'amour de la gloire et de l'élévation nous est si naturel, que rien ne nous coûte pour y parvenir; et que l'usage en est si séduisant, que rien n'est plus rare que la piété environnée de grandeur et de puissance.

Cependant, mes freres, c'est Dieu seul qui éleve les grands et les puissants; qui vous place au-dessus des autres, afin que vous soyez les peres des peuples, les consolateurs des affligés, les asyles des foibles, les soutiens de l'Église, les protecteurs de la vertu, les modeles de tous les fideles.

Souffrez donc, mes freres, qu'entrant dans l'esprit de notre évangile, je vous expose ici les périls et les avantages de votre état; et qu'avant que d'entrer dans le détail des devoirs de la vie chrétienne, dont je dois vous entretenir durant ces jours de salut, je vous marque, à l'entrée presque de cette carriere, les obstacles et les facilités que vous offre, pour les accomplir, l'élévation où la providence vous a fait naître.

Il y a de grandes tentations attachées à votre état, je l'avoue; mais aussi il s'y trouve de grandes ressources : on y naît, ce semble, avec plus de passions que le reste des hommes; mais aussi on peut y pratiquer plus de vertus : les vices y ont plus de suite; mais aussi la piété y devient plus utile : en un mot, on y est bien plus coupable que le peuple quand on y oublie Dieu ; mais aussi on y a bien plus de mérite quand on lui est fidele.

Mon dessein donc aujourd'hui est de vous représenter les grands biens ou les grands maux qui accompagnent toujours vos vertus ou vos vices ; est de vous faire sentir ce que peut pour le bien ou pour le mal l'élévation où vous êtes nés ; est enfin de vous rendre le désordre odieux en vous développant les suites inexplicables que vos passions traînent après elles, et la piété aimable par les utilités incompréhensibles qui suivent toujours vos bons exemples. Ce ne seroit pas assez de vous marquer les périls de votre état, il faut aussi vous en découvrir les avantages : la chaire chrétienne invective d'ordinaire contre les grandeurs et la gloire du siecle ; mais il seroit inutile de vous parler sans cesse de vos maux, si l'on ne vous en présentoit en même temps les remedes. C'est ces deux vérités que je me propose de réunir dans ce discours, en vous exposant quelles sont les suites infinies des vices des grands et des puissants, et quelles sont les utilités inestimables de leurs vertus.   AVE, MARIA.

PREMIÈRE PARTIE.

Un jugement très sévere est réservé à ceux qui sont élevés, dit l'Esprit de Dieu : on fera miséricorde aux pauvres et aux petits ; mais le Seigneur déploiera toute la puissance de son bras pour châtier les grands et les puissants : *exiguo conceditur misericordia; potentes autem potenter tormenta patientur* [1].

Ce n'est pas, mes freres, que le Seigneur rejette les grands et les puissants, comme dit l'Écriture, puisqu'il est puissant lui-même ; ou que le rang et l'élévation soient auprès de lui des titres odieux qui éloignent ses graces et fassent presque tout seuls notre crime. Il n'y a point en lui d'acception de personne ; il est le Seigneur des cedres du Liban, comme de l'hysope qui croît dans les plus profondes vallées ; il fait lever son soleil sur les plus hautes montagnes comme sur les lieux les plus bas et les plus obscurs ; il a formé les astres du ciel comme les vers qui rampent sur la terre ; les grands sont même les images plus naturelles de sa grandeur et de sa gloire, les ministres de son autorité, les canaux de ses libéralités et de sa magnificence ; et je ne viens pas ici, mes freres,

____

(1) Sap. c. 6, v. 7.

selon le langage ordinaire, prononcer des ana-
thèmes contre les grandeurs humaines et vous
faire un crime de votre état, puisque votre état
vient de Dieu, et qu'il ne s'agit pas tant d'en exa-
gérer les périls que de vous montrer les moyens
infinis de salut attachés à l'élévation où la providence vous a fait naître.

Mais je dis, mes freres, que les péchés des
grands et des puissants ont deux caracteres d'é-
normité qui les rendent infiniment plus punissa-
bles devant Dieu que les péchés du commun des
fideles; premièrement le scandale, secondement
l'ingratitude.

Le scandale. Il n'est point de crime, mes freres,
auquel l'évangile laisse moins d'espérance de par-
don qu'à celui d'être un sujet de chûte à nos freres : « Malheur à l'homme qui scandalise, dit Jé-
« sus-Christ ; il lui seroit plus avantageux d'être
« précipité au fond de la mer, que de devenir une
« occasion de perte et de scandale au plus petit
« d'entre mes disciples [1] ». Premièrement, parceque vous perdez une ame qui devoit jouir éternellement de Dieu. Secondement, parceque vous
faites périr votre frere pour lequel Jésus-Christ
étoit mort. Troisièmement, parceque vous deve-

____

(1) Matth. c. 18, v. 6, 7.

nez le ministre des desseins du démon pour la
perte des ames. Quatrièmement, parceque vous
êtes cet homme de péché, cet antechrist dout parle
l'apôtre; car Jésus-Christ a sauvé l'homme, et vous
le perdez; Jésus-Christ a formé de véritables adorateurs à son pere, et vous les lui ôtez; Jésus-Christ
nous a acquis par son sang, et vous lui ravissez sa
conquête; Jésus-Christ est le médecin des ames,
et vous en êtes le corrupteur; il est leur voie, et
vous êtes leur piege; il est le pasteur qui vient
chercher les brebis qui périssent, et vous êtes le
loup dévorant qui tuez et perdez les ouailles que
son pere lui avoit données. Cinquièmement enfin, parceque tous les autres péchés meurent,
pour ainsi dire, avec le pécheur; mais les fruits
de ses scandales seront immortels, ils survivront
à ses cendres, ils subsisteront après lui, et ses crimes ne descendront pas avec lui dans le tombeau
de ses peres.

Achan fut puni avec tant de rigueur pour
avoir pris seulement une regle d'or parmi des dépouilles que le Seigneur s'étoit consacrées; mon
Dieu! quelle sera donc la punition de celui qui
ravit à Jésus-Christ une ame qui étoit sa dépouille
précieuse, rachetée, non avec de l'or et de l'ar-
gent, mais de tout le sang divin de l'agneau sans

tâche? Le veau d'or fut réduit en poussiere pour
avoir fait prévariquer Israël, grand Dieu! et tout
l'éclat qui environne les grands et les puissants
les mettroit-il à couvert de votre colere, dès qu'ils
ne sont élevés que pour être à votre peuple une
occasion de chûte et d'idolâtrie? Le serpent d'airain lui-même, ce monument sacré des miséricordes du Seigueur sur Juda, fut brisé pour avoir
été une occasion de scandale aux tribus, mon
Dieu! et le pécheur, déja si odieux par ses propres crimes, sera-t-il épargné, lorsqu'il devient un
piege et une pierre d'achoppement à ses freres?

Or, mes freres, voilà le premier caractere qui
accompagne toujours vos péchés, vous que le
rang et la naissance élevent sur le commun des
fideles : le scandale. Les ames vulgaires et obscures ne vivent que pour elles seules : confon-
dues dans la foule et cachées aux yeux des hommes par la bassesse de leur destinée, Dieu seul
est le témoin secret de leurs voies et le specta-
teur invisible de leurs chûtes; si elles tombent ou
si elles demeurent fermes, c'est pour le Seigneur
tout seul qui les voit et qui les juge : le monde, qui
ignore même leurs noms, n'est pas plus instruit
de leurs exemples : leur vie n'a point de suite; ils
peuvent faire des chûtes, mais ils tombent tout

seuls; et, s'ils ne se sauvent pas, leur perte du moins se borne à eux, et ne devient pas celle de leurs freres.

Mais les personnes nées dans l'élévation deviennent comme un spectacle public sur lequel tous les regards sont attachés: ce sont ces maisons bâties sur la montagne, qui ne sauroient se cacher, et que leur situation toute seule découvre; ces flambeaux luisants qui traînent par-tout avec eux l'éclat qui les trahit et qui les montre. C'est le malheur de la grandeur et des dignités; vous ne vivez plus pour vous seuls, à votre perte ou à votre salut est attachée la perte ou le salut de tous ceux qui vous environnent; vos mœurs forment les mœurs publiques, vos exemples sont les regles de la multitude, vos actions ont le même éclat que vos titres; il ne vous est plus permis de vous égarer à l'insu du public, et le scandale est toujours le triste privilege que votre rang ajoute à vos fautes.

Je dis le scandale, premièrement d'imitation. Les hommes imitent toujours le mal avec plaisir, mais sur-tout lorsque de grands exemples le leur proposent; ils trouvent alors une sorte de vanité dans leurs égarements, parceque c'est par là qu'ils vous ressemblent: le peuple regarde comme un bon air de marcher sur vos traces; la ville croit se faire honneur en prenant tout le mauvais de la cour; vos mœurs forment un poison qui gagne les peuples et les provinces, qui infecte tous les états, qui change les mœurs publiques, qui donne à la licence un air de noblesse et de bon goût, et qui substitue à la simplicité de nos peres et à l'innocence des mœurs anciennes la nouveauté de vos plaisirs, de votre luxe, de vos profusions, et de vos indécences profanes. Ainsi c'est de vous que passent jusques dans le peuple les modes immodestes, la vanité des parures, les artifices qui déshonorent un visage où la pudeur toute seule devroit être peinte, la fureur des jeux, la facilité des mœurs, la licence des entretiens, la liberté des passions, et toute la corruption de nos siecles.

Et d'où croyez-vous, mes freres, que vienne cette licence effrénée qui regne parmi les peuples? Ceux qui vivent loin de vous, dans les provinces les plus reculées, conservent encore du moins quelque reste de l'ancienne simplicité et de la premiere innocence; ils vivent dans une heureuse ignorance de la plupart des abus dont votre exemple a fait des loix. Mais plus les pays se rapprochent de vous, plus les mœurs changent, plus l'innocence s'altere, plus les abus sont

communs; et le plus grand crime des peuples,
c'est la science de vos mœurs et de vos usages.
Dès que les chefs des tribus furent entrés dans
les tentes des filles de Madian, tout Juda prévari-
qua, et il s'en trouva peu qui se conservassent
purs de l'iniquité commune. Grand Dieu! que le
compte des riches et des puissants sera un jour
terrible, puisque, outre leurs passions infinies, ils
se trouveront encore coupables devant vous des
désordres publics, de la dépravation des mœurs,
de la corruption de leur siecle, et que les péchés
des peuples deviendront leurs crimes propres!

Secondement, un scandale de complaisance.
On cherche à vous plaire en vous imitant; vos inférieurs, vos créatures, vos esclaves, se font de la
ressemblance de vos mœurs une voie pour arriver
à votre bienveillance; ils copient vos vices, parceque vous les leur comptez comme des vertus;
ils entrent dans vos goûts pour entrer dans votre
confiance; ils s'étudient à l'envi ou de vous suivre
ou de vous surpasser, parceque vous n'aimez en
eux que ce qui vous ressemble. Hélas! mes freres,
combien d'ames foibles, nées avec des principes
de vertu, et qui, loin de vous, n'auroient trouvé en
elles que des dispositions favorables au salut, ont
trouvé, dans l'obligation où leur fortune les met-

toit de vous imiter, le piege de leur innocence!

Troisièmement, un scandale d'impunité. Vous ne sauriez plus reprendre, dans ceux qui dépendent de vous, les abus et les excès que vous vous permettez vous-mêmes; vous êtes obligés de leur souffrir ce que vous ne voulez pas vous interdire; il faut fermer les yeux à des désordres que vous autorisez par vos mœurs, et, de peur de vous condamner vous-mêmes, faire grace à ceux qui vous ressemblent. Une femme mondaine, et tout occupée de plaire, répand sur tout son domestique un air de licence et de mondanité; sa maison devient un écueil d'où l'innocence ne sort jamais entiere; chacun imite au-dedans les passions qu'elle fait éclater au-dehors; et il faut qu'elle dissimule ces déréglements, parceque ses mœurs ne laissent plus rien à faire à ses censures. Vous le savez, mes freres, et la dignité de la chaire chrétienne ne me défend pas de le dire ici, quel désordre, dans ces maisons destinées et ouvertes à un jeu éternel, parmi ce peuple de domestiques que la vanité a multiplié à l'infini! Que vos plaisirs coûtent cher à ces infortunés, qui, loin de vos yeux, n'ayant plus de frein qui les retienne, et cherchant à occuper une oisiveté où vos amusements les laissent, sentent autoriser par vos exemples les inclinations déréglées qui leur viennent de la bassesse de leur éducation et d'un sang vil et méprisable! Ô mon Dieu! si celui qui néglige le soin des siens est devant vous pire qu'un infidele, quel est donc le crime de celui qui les scandalise, et qui leur fait trouver la mort et la condamnation où ils auroient dû trouver des secours de salut et l'asyle de leur innocence!

Quatrièmement, un scandale d'office et de nécessité. Combien d'infortunés périssent pour servir à vos plaisirs et à vos passions injustes! Les arts dangereux ne subsistent que pour vous, les théâtres ne sont élevés que pour fournir à vos délassements criminels, les harmonies profanes ne retentissent de toutes parts et ne corrompent tant de cœurs que pour flatter la corruption du vôtre, les ouvrages funestes à l'innocence ne passent à la derniere postérité qu'à la faveur de vos noms et de votre protection. C'est vous seuls, mes freres, qui donnez à la terre des poëtes lascifs, des auteurs pernicieux, des écrivains profanes; c'est pour vous plaire que ces corrupteurs des mœurs publiques perfectionnent leurs talents, et cherchent, dans un succès qui n'a pour but que la perte des ames, leur élévation et leur fortune; c'est vous seuls qui les protégez, qui les récompensez, qui les produisez, qui leur ôtez même, en les honorant de votre familiarité, ce caractere de honte et d'infamie que les loix de l'Église et de l'État leur avoient laissé, et qui les flétrissoit aux yeux des hommes.

Ainsi c'est par vous que les peuples participent à ces désordres, que ce poison infecte les villes et les provinces, que ces plaisirs publics deviennent la source des miseres et de la licence publique, que tant de victimes infortunées renoncent à la pudeur pour servir à vos plaisirs, et cherchant à soulager la médiocrité de leur fortune par l'usage des talents que vos passions toutes seules ont rendus utiles et recommandables, viennent sur des théâtres criminels chanter des passions pour flatter les vôtres, périr pour vous plaire, perdre leur innocence en la faisant perdre à ceux qui les écoutent, devenir des écueils publics et le scandale de la religion, porter même le malheur et la dissension dans vos familles, et vous punir, femme du monde, de l'appui et du crédit que vous leur donnez par votre présence et par vos applaudissements, en devenant l'objet criminel de la passion et de la mauvaise conduite de vos enfants, et partageant peut-être avec vous-même le cœur de votre mari, et ruinant sans ressource ses affaires et sa fortune.

Cinquièmement, un scandale de durée. C'est peu, mes freres, que la corruption de nos siecles soit presque le seul ouvrage des grands et des puissants ; les siecles à venir vous devront peut-être encore une partie de leur licence et de leurs désordres. Ces poésies profanes qui n'ont vu le jour qu'à votre occasion corrompront encore des cœurs dans les âges qui nous suivront ; ces auteurs dangereux que vous honorez de votre protection passeront entre les mains de nos neveux, et vos crimes se multiplieront avec le venin dangereux qu'ils portent avec eux, et qui se communiquera d'âge en âge ; vos passions mêmes immortalisées dans les histoires, après avoir été un scandale pour votre siecle, le deviendront encore aux siecles suivants ; la lecture de vos égarements conservés à la postérité se fera encore des imitateurs après votre mort ; on ira encore chercher des leçons de crime dans le récit de vos aventures, et vos désordres ne mourront point avec vous. Les voluptés de Salomon fournissent encore des blasphèmes et des dérisions aux impies, et des motifs de sécurité au libertinage ; l'emportement de la femme de Putiphar s'est conservé jusqu'à nous, et son rang a immortalisé sa foiblesse. Telle est la destinée des vices et des pas-

sions des grands et des puissants; ils ne vivent
pas pour leur siecle seul, ils vivent pour les siecles à venir, et la durée de leur scandale n'a point
d'autres bornes que celle de leur nom.

Vous le savez vous-mêmes, mes freres, encore
aujourd'hui ne lit-on pas tous les jours avec un
nouveau péril ces mémoires scandaleux faits dans
le siecle de nos peres, qui ont conservé jusqu'à
nous les désordres des cours précédentes, et immortalisé les passions des principales personnes
qui les composoient? Les déréglements d'un peuple obscur et du reste des hommes qui vivoient
alors, sont demeurés ensevelis dans l'oubli; leurs
passions ont fini avec eux; leurs vices, obscurs
comme leurs noms, ont échappé à l'histoire, et ils
sont à notre égard comme s'ils n'avoient jamais
été; et tout ce qui nous reste de ces âges passés, ce
sont les égarements de ceux que leur rang et leur
naissance distinguoient dans leur siecle, ce sont
leurs passions qui en inspirent tous les jours de
nouvelles par la naïveté du style et par la licence
des auteurs qui nous les ont conservées; et l'unique privilege de leur condition, c'est que les vices
des petits ont fini avec leur vie, au lieu que ceux
des grands et des puissants renaissent, pour ainsi
dire, de leurs cendres, passent d'âge en âge, sont

gravés dans les monuments publics, et ne s'effacent plus de la mémoire des hommes. Quels crimes, grand Dieu! qui sont le scandale de tous les
siecles, l'écueil de tous les états, et qui serviront
jusqu'à la fin d'attrait au vice, de prétexte au pécheur, et de modele au déréglement et à la licence!

Enfin un scandale de séduction. Vos exemples, en honorant le vice, rendent la vertu méprisable; la vie chrétienne devient un ridicule dont
on a honte devant vous; l'extérieur de la piété est
un mauvais air dont on se cache en votre présence
comme d'un travers qui déshonore. Combien
d'ames touchées de Dieu ne résistent à sa grace
et à son esprit, que de peur de perdre auprès de
vous ce degré de confiance qu'une longue société
de plaisir leur a donné! Combien d'ames, dé-
goûtées du monde, n'osent se déclarer et revenir
à Dieu, pour ne pas s'exposer à vos dérisions in-
sensées, imitent encore vos mœurs et vos plaisirs,
dont la grace les a détrompées, et donnent à la
complaisance et à des égards injustes pour votre
rang mille démarches dont leur propre goût et
leur nouvelle foi les éloigne!

Je ne parle pas, mes freres, des préjugés contre
la vertu, que vous perpétuez dans le monde; de

ces discours déplorables contre les gens de bien,
que votre autorité confirme, qui de vous passent
jusqu'au peuple, et maintiennent dans tous les
états ces vieilles préventions contre la piété, et
ces dérisions éternelles des justes, qui ôtent à la
vertu toute sa dignité, et confirment les pécheurs
dans le vice.

Et de là, mes freres, que de justes séduits! que
de foibles entraînés! que d'ames chancelantes re-
tenues dans le désordre! que d'impies et de libertins rassurés! quel obstacle devenez-vous au fruit
de notre ministere! que de cœurs préparés n'opposent à la force de la vérité que nous annonçons
que les longs engagements qui les lient à vos
mœurs et à vos plaisirs, et ne trouvent que vous
seuls en eux qui servent comme de mur et de
bouclier à la grace! Mon Dieu! quel fléau pour
un siecle, quel malheur pour les peuples, qu'un
grand selon le monde, qui ne vous craint pas,
qui ne vous connoît pas, et qui méprise vos loix
et vos ordonnances éternelles! C'est un présent
que vous faites aux hommes dans votre colere, et
la plus terrible marque de votre indignation sur
les villes et sur les royaumes.

Oui, mes freres, voilà ce que vous êtes quand
vous n'êtes pas à Dieu. Voilà le premier caractere

de vos fautes, le scandale : votre destinée décide
d'ordinaire de celle des peuples ; les désordres
des petits sont toujours la suite de vos désordres ;
et les péchés de Jacob, dit le prophete, c'est-à-
dire du peuple et des tribus, ne viennent que de
Samarie, le siege des grands et des puissants :
Quod scelus Jacob? nonne Samaria [1] ?

Mais quand le scandale, inséparable des péchés des grands et des puissants, n'y ajouteroit
pas un nouveau degré d'énormité qui leur est
propre, l'ingratitude, qui en fait le second caractere, suffiroit pour attirer sur eux cet abandon de
Dieu qui ferme pour toujours ses entrailles à la
bonté et à la miséricorde.

Je dis l'ingratitude, mes freres, car Dieu vous
a préférés à tant de malheureux qui gémissent
dans l'obscurité et dans l'indigence ; il vous a élevés ; il vous a fait naître au milieu de l'éclat et de
l'abondance ; il vous a choisis sur tout le peuple
pour vous combler de bienfaits ; il a rassemblé
sur vous seuls les biens, les honneurs, les titres,
les distinctions et tous les avantages de la terre ;
il semble que sa providence ne veille que pour
vous seuls, tandis que tant d'infortunés mangent
un pain de tribulation et d'amertume ; la terre ne

____

[1] Mich. c. 1, v. 5.

semble produire que pour vous seuls, le soleil ne se lever et ne se coucher que pour vous seuls; le reste des hommes même ne paroissent nés que pour vous, et pour servir à votre grandeur et à vos usages; il semble que le Seigneur n'est occupé que de vous seuls, tandis qu'il oublie tant d'ames obscures dont les jours sont des jours de douleur et de misere, et pour lesquelles il semble qu'il n'y a point de Dieu sur la terre : et cependant vous tournez contre Dieu tont ce que vous avez reçu de lui; votre abondance sert à vos passions, votre élévation facilite vos plaisirs, et ses bienfaits deviennent vos crimes.

Oui, mes freres, tandis que mille malheureux sur lesquels sa main s'appesantit avec tant de rigueur; tandis qu'une populace obscure, pour qui la vie n'a rien que de dur et de triste, l'invoque, le bénit, leve les mains vers lui dans la simplicité de son cœur, le regarde comme son pere, et lui donne des marques d'une piété simple et d'une religion sincere, vous, mes freres, qu'il accable de bienfaits, vous, pour qui le monde tout entier semble fait, vous ne le connoissez pas, vous ne daignez pas lever les yeux vers lui, vous ne pensez pas seulement s'il y a un Dieu au-dessus de vous qui se mêle des choses de la terre, vous lui

rendez pour action de graces des outrages, et la
religion n'est que pour le peuple.

Hélas! mes freres, vous trouvez si noir et si
indigne lorsque ceux dont l'élévation étoit votre
ouvrage vous oublient, vous méconnoissent, se
déclarent contre vous, et n'usent du crédit dont
ils vous sont redevables que pour vous éloigner
et pour vous détruire. Mais, mes freres, ils ne
font que vous rendre ce que vous faites envers
Dieu. Votre élévation n'est-elle pas son ouvrage?
N'est-ce pas sa main toute seule qui a séparé vos
ancêtres de la foule, et qui les a placés à la tête
des peuples? N'est-ce pas la disposition seule de
la providence qui vous a fait naitre d'un sang illustre, et qui vous a fait trouver tout d'un coup
en naissant, et sans qu'il vous en coûtàt rien, ce
qu'une vie entiere de soins et de peines n'auroit
pas pu même vous faire attendre? Qu'aviez-vous
à ses yeux plus que tant d'infortunés qu'il laisse
dans la misere? Ah! s'il n'avoit eu égard qu'aux
qualités naturelles de l'ame, à la droiture, à la
pudeur, à l'innocence, à la modestie, combien
d'ames obscures, nées avec toutes ces vertus, auroient dû vous être préférées et occuper la place
où vous êtes! S'il n'eût consulté que l'usage que
vous deviez faire un jour de ses bienfaits, com-

bien de malheureux, dans la même situation où vous vous trouvez, auroient été l'exemple des peuples, les protecteurs de la vertu, et glorifié le Seigneur dans leur abondance, eux qui, dans leur indigence même, l'invoquent et le bénissent, au lieu que vous le faites blasphémer, et que votre exemple devient une séduction pour son peuple!

Et cependant il vous choisit, et il les rejette; il les humilie, et il vous élève; il est pour eux un maître dur et sévère, et pour vous un pere libéral et magnifique. Que pouvoit-il faire davantage pour vous engager à le servir et à lui être fideles? Qu'y a-t-il de plus puissant que les bienfaits pour attirer les cœurs et pour s'assurer des hommages? C'est de vous seul, Seigneur, disoit David au milieu de sa prospérité, que vient la magnificence qui m'environne, la gloire de mon nom, la puissance où je suis élevé; et il est juste, ô mon Dieu, de vous glorifier dans vos dons, de mesurer ce que je vous dois sur ce que vous avez fait pour moi, et de faire servir mon élévation et tout ce que je suis à votre gloire: *tua est, Domine, magnificentia, et potentia, et gloria.... Nunc igitur, Deus noster, confitemur tibi, et laudamus nomen tuum inclytum* [1].

(1) I Paral. c. 29, v. 11, 13.

Et cependant, mes freres, plus il a fait pour vous, plus vous vous élevez contre lui. Ce sont les riches et les puissants qui vivent sans autre Dieu dans ce monde que leurs plaisirs injustes ; c'est vous seuls qui lui disputez les plus légers hommages, qui vous croyez dispensés de tout ce que sa loi a de pénible et de sévere, qui ne croyez être nés que pour jouir de vous-mêmes, pour faire servir ses bienfaits à vos passions, et qui laissez au simple peuple le soin de le servir, de lui rendre graces, et d'observer avec religion les ordonnances de sa loi sainte.

Ainsi souvent, mes freres, le peuple l'adore, et vous l'outragez ; le peuple l'appaise, et vous l'irritez ; le peuple l'invoque, et vous l'oubliez ; le peuple le sert avec un bon zele, et vous méprisez ses serviteurs ; le peuple leve sans cesse les mains vers lui, et vous doutez même s'il existe, vous qui seuls ressentez les effets de sa libéralité et de sa puissance : ses châtiments lui forment des adorateurs, et ses bienfaits ne lui valent que des dérisions et des outrages.

Je dis ses bienfaits, mes freres : car il ne les a pas même tous bornés à votre égard aux biens extérieurs de la fortune ; il vous a fait naître encore avec des dispositions plus favorables à la

vertu que le simple peuple, un cœur plus noble
et plus élevé, des inclinations plus heureuses, des
sentiments plus dignes de la grandeur de la foi;
plus de lumiere, plus d'élévation, plus de connoissance, plus d'instruction, plus de goût pour les
bonnes choses. Vous avez reçu de la nature ces
inclinations fortunées qui se communiquent avec
le sang, des passions plus douces, des mœurs plus
cultivées, des bienséances plus voisines de la vertu; cette politesse qui adoucit l'humeur, cette dignité qui retient les saillies du tempérament, cette
humanité qui rend plus sensible aux impressions
de la grace. De combien de bienfaits abusez-vous
donc, mes freres, quand vous ne vivez pas selon
Dieu! Quel monstre d'ingratitude qu'un grand,
qu'un homme comblé d'honneur et de prospérité, et qui ne leve jamais les yeux au ciel pour
adorer la main qui les lui dispense!

Et d'où croyez-vous aussi, mes freres, que viennent les calamités publiques, les fléaux qui affli-
gent les villes et les provinces? Ce n'est que pour
punir l'usage injuste que vous faites de l'abondance, que Dieu frappe quelquefois de stérilité
les terres et les campagnes. Sa justice, indignée
que vous employiez contre lui ses propres bienfaits, les soustrait à vos passions, répand son in-

dignation sur la terre, permet les guerres et les dissensions, renverse vos fortunes, éteint vos familles, fait sécher la racine de votre postérité, fait passer à des mains étrangeres vos titres et vos possessions, et vous rénd les exemples éclatants de l'inconstance des choses humaines, et les monuments anticipés de sa colere contre les cœurs ingrats et insensibles aux soins paternels de sa providence.

Voilà, mes freres, les deux caracteres inséparables de vos péchés; le scandale et l'ingratitude. Voilà ce que vous êtes quand vous n'êtes pas fideles à Dieu. Voilà à quoi peut-être vous n'avez pas fait attention. Vous ne sauriez être médiocrement coupables dès que vous l'êtes. Les passions sont les mêmes dans le peuple et parmi les puissants; mais il s'en faut bien que le crime ne soit égal, et souvent un seul de vos crimes entraîne plus de malheurs, et a devant Dieu des suites plus étendues et plus terribles, qu'une vie entiere d'iniquité dans une ame obscure et vulgaire. Mais aussi, mes freres, vos vertus ont le même avantage et la même destinée; et c'est ce qui me reste à vous dire dans la derniere partie de ce discours.

SECONDE PARTIE.

Si le scandale et l'ingratitude sont les suites inséparables des vices et des passions des personnes élevées, leurs vertus aussi ont deux caracteres particuliers qui les rendent infiniment plus agréables à Dieu que celles du commun des fideles: premièrement, l'exemple; secondement, l'autorité. Et voilà, mes freres, une vérité bien consolante pour vous que la providence a fait naître dans l'élévation, et bien capable de vous animer à servir Dieu et de vous rendre la vertu aimable. Car ce seroit vous tromper que de regarder l'état où vous êtes nés comme un obstacle au salut et aux devoirs que la religion nous impose. J'avoue que les écueils y sont plus dangereux que dans une destinée plus obscure, les tentations plus vives et plus fréquentes; et en vous marquant les avantages que vous pouvez trouver dans l'élévation par rapport au salut, je ne prétends pas en dissimuler les périls que Jésus-Christ nous a marqués lui-même dans l'évangile.

Je veux seulement établir cette vérité, que vous pouvez faire plus pour Dieu que le simple peuple; qu'il revient à la religion infiniment plus d'avantages de la piété d'une seule personne éle-

vée, que de celle presque d'un peuple entier de
fideles; et que vous êtes d'autant plus coupables
quand vous oubliez Dieu, qu'il tireroit plus de
gloire de votre fidélité, et que vos vertus ont des
suites plus étendues pour l'utilité de l'Église et
pour l'édification des fideles.

La premiere, c'est l'exemple. Une ame d'entre
le peuple qui craint Dieu ne le glorifie que dans
son cœur; c'est un enfant de lumiere qui marche
pour ainsi dire dans les ténebres : elle lui rend
des hommages ; mais elle ne lui en attire point.
Renfermée dans l'obscurité de sa fortune, elle ne
vit que sous les yeux de Dieu seul : elle souhaite
que son nom soit glorifié, et lui rend par ses desirs la gloire qu'elle ne peut lui rendre par ses
exemples. Ses vertus sont utiles à son salut ; mais
elles sont comme perdues pour le salut de ses
freres : elle est ici-bas comme ce trésor caché dans
la terre, que le champ de Jésus-Christ porte à son
insu, et dont il ne fait aucun usage.

Mais pour vous, mes freres, qui vivez exposés
aux regards publics et à la vue de tous les peuples, vos exemples de vertu deviennent aussi éclatants que vos noms : vous répandez la bonne odeur
de Jésus-Christ par-tout où celle de votre rang et
de vos titres est répandue ; vous faites glorifier le

nom du Seigneur par-tout où le vôtre se fait connoitre. La même élévation qui apprend à tous les
hommes que vous êtes sur la terre leur apprend
aussi ce que vous faites pour le ciel. Les avantages de la nature découvrent par-tout en vous
les merveilles de la grace. Les peuples, les villes,
les provinces, qui entendent sans cesse répéter
vos noms, sentent réveiller avec eux l'idée de vertu que vos exemples y ont attachée. Vous honorez
la piété dans l'esprit du public; vous la prêchez à
ceux que vous ne connoissez pas: vous devenez,
dit le prophete, comme un signal de vertu élevé
au milieu des peuples. Tout un royaume a les
yeux sur vous, et parle de vos exemples; et jusques dans les cours étrangeres votre piété devient
un événement aussi connu que votre naissance.
Le bruit de la sagesse de Salomon étoit répandu
dans toutes les cours de l'Orient, dit l'Écriture;
et celle d'Éthan l'Ezrahite, d'Héman et de Calcol,
les principaux des enfants de Mahol, n'étoit pas
moins connue à Jérusalem, malgré la distance des
lieux qui les faisoit vivre si loin de la Palestine.

Or, dans cet éclat, quel attrait de vertu pour les
peuples! Premièrement, les grands modeles tou-
chent bien plus, et la piété devient comme un bon
air pour le peuple, dès que l'exemple des grands

l'autorise. Secondement, l'idée de foiblesse que les hommes attachent à la vertu tombe dès qu'elle est ennoblie de vos noms, pour ainsi dire, et qu'on peut lui faire honneur de vos exemples. Troisièmement, la modestie et la frugalité n'ont plus rien de honteux pour le reste des hommes dès qu'ils voient en vous qu'on peut être grand et modeste, et que la fuite du luxe et de la profusion, non seulement ne fait point de honte aux petits, mais donne même une nouvelle dignité à l'élévation et à la naissance. Quatrièmement, combien d'ames foibles rougiroient de la vertu, que votre exemple rassure, qui ne craignent plus de marcher après vous, et qui trouvent même beau de suivre vos traces! Cinquièmement, combien d'ames trop sensibles encore aux intérêts de la terre, craindroient que la piété ne fût un obstacle à leur élévation, et trouveroient peut-être dans cette tentation l'écueil de tous leurs desirs de pénitence, si elles n'apprenoient, en vous voyant, que la piété est utile à tout, et qu'en attirant les graces du ciel elle n'éloigne pas celles de la terre! Sixièmement, vos inférieurs, vos créatures, vos esclaves, tous ceux qui dépendent de vous, trouvent la vertu bien plus aimable depuis qu'elle est devenue un moyen sûr de vous plaire, et que le même progrès qu'ils font dans la piété, ils le font dans votre confiance et dans votre estime.

Enfin, mes freres, quel honneur pour la religion, lorsqu'elle peut montrer en vos personnes qu'elle sait encore se former des justes qui méprisent les honneurs, les dignités, les richesses; qui vivent au milieu des prospérités sans en être ébloui, qui sont élevés aux premieres places sans perdre de vue les biens éternels, qui possedent tout comme ne possédant rien, qui sont plus grands que le monde entier, et regardent comme de la boue tous les avantages de la terre dès qu'ils deviennent un obstacle aux promesses que la foi leur montre dans le ciel! Quelle confusion pour les impies de sentir, en vous voyant marcher dans les voies du salut au milieu de toutes les prospérités humaines, que la vertu n'est pas un pis-aller, qu'en vain ils tâchent de se persuader qu'on n'a recours à Dieu que lorsque le monde nous manque, puisque, comblés des faveurs du monde, vous ne laissez pas d'aimer l'opprobre de Jésus-Christ! Quelle consolation même pour notre ministere de pouvoir nous servir de vos exemples dans ces chaires chrétiennes pour confondre les pécheurs d'une destinée plus obscure; de pouvoir leur citer vos vertus pour les faire rougir de leurs vices; de

pouvoir leur faire honte de toutes les vaines ex-
cuses qu'ils nous opposent, en leur alléguant
votre fidélité à la loi de Dieu, en leur montrant
que les périls qui les environnent ne sont pas
plus grands que les vôtres, que les objets des passions au milieu desquels ils vivent sont moins sé-
duisants, que le monde ne leur offre pas plus de
charmes et plus d'illusion qu'il vous en offre, que
si la grace peut se former des cœurs fideles jusques dans les palais des rois, elle peut s'en former
à plus forte raison dans le tumulte des villes et
sous le toit du citoyen et du magistrat, et qu'ainsi
on trouve le salut par-tout, et que notre état ne
devient un prétexte favorable à nos passions que
lorsque la corruption de notre cœur est la véritable raison qui les autorise.

Oui, mes freres, je le répete, vous donnez,
quand vous servez Dieu, une nouvelle force à
notre ministere, plus de poids aux vérités que
nous annonçons aux peuples, plus de confiance
à notre zele, plus de dignité à la parole de Jésus-
Christ, plus de crédit à nos censures, plus de consolation à nos travaux; et, en jetant les yeux sur
vous, le monde trouve la décision des vérités
qu'il nous avoit contestées. Que de biens, mes
freres, reviennent donc à l'Église de vos exem-

ples! Vous donnez du crédit à la piété, vous honorez la religion dans l'esprit des peuples, vous animez les justes de tous les états, vous consolez les serviteurs de Dieu, vous répandez dans tout un royaume une odeur de vie qui confond le vice et qui autorise la vertu, vous maintenez les regles de l'évangile contre les maximes du monde; on vous cite dans les villes et dans les provinces les plus éloignées pour encourager les foibles et agrandir le royaume de Jésus-Christ; les peres apprennent vos noms à leurs enfants pour les animer à la vertu; et, sans le savoir, vous devenez le modele des peuples, l'entretien des petits, l'édification des familles, l'exemple de tous les états et de tous les ordres. A peine les principaux des tribus dans le désert, et les femmes les plus distinguées, eurent apporté à Moïse leurs ornements les plus précieux pour la construction du tabernacle, que tout le peuple, entraîné par leur exemple, vint en foule offrir ses dons et ses présents, et qu'il fallut que Moïse mit des bornes à leurs pieux empressements, et modérât l'excès de leurs largesses.

Ah! mes freres, que de biens, encore une fois, vos seuls exemples peuvent faire parmi les peuples! les plaisirs publics décriés dès que vous ne les autorisez plus par votre présence; les modes indécentes proscrites dès que vous les négligez; les usages dangereux surannés dès que vous les abandonnez; la source de presque tous les désordres tarie dès que vous vivez selon Dieu : et de là que d'ames préservées, que de malheurs prévenus, que de crimes arrêtés, que de maux empêchés ! Quel gain pour la religion, qu'une seule personne élevée qui vit selon la foi ! Quel présent Dieu fait à la terre, à un royaume, à un peuple, quand il lui donne des grands et des puissants qui vivent dans sa crainte ! Et quand l'intérêt seul de votre ame, mes freres, ne suffiroit pas pour vous rendre la vertu aimable, l'intérêt de tant d'ames à qui vous êtes une occasion de salut en vivant selon Dieu, ne devroit-il pas préférer la crainte et l'amour de sa loi à tous les vains plaisirs de la terre? Est-il de plaisir plus doux pour un bon cœur que de devenir une source de salut et de bénédiction pour ses freres?

Et ce qu'il y a ici d'heureux pour vous, mes freres, c'est que vous ne vivez pas seulement pour votre siecle; je l'ai déja dit, vos exemples passeront jusques aux siecles suivants : les vertus des simples fideles périssent, pour ainsi dire, avec eux; mais vos vertus seront conservées dans nos

histoires avec vos noms. Vous deviéndrez un modele de piété pour nos neveux, comme vous l'avez
été pour les peuples qui ont vécu avec vous; vos
rangs et vos emplois, vous liant aux principaux
événements qui se passent dans notre siecle, vous
féront passer avec eux jusques aux siecles à venir;
les cours qui succéderont à la nôtre, trouveront
encore l'histoire de vos mœurs et de vos saints
exemples mélée avec l'histoire publique de nos
jours; vous donnerez encore du crédit à la piété
dans les âges qui nous suivront; le souvenir de
vos vertus, conservé dans nos annales, y servira
encore d'instruction à vos descendants qui les li-
ront; et l'on pourra dire un jour de vous, comme
de ces hommes célebres et pleins de gloire et de
justice dont parle l'Écriture, que votre piété n'a
pas fini avec vous, que le souvenir de vos vertus
passera d'âge en âge, que les peuples raconteront
jusqu'à la fin votre sagesse et vos exemples, que
l'Église publiera vos lonanges, et que les biens
que vous avez faits et l'odeur de votre vie se con-
servera toujours au milieu de nous avec les descendants qui naîtront de la gloire de votre sang et
qui succéderont à vos noms et à vos titres: *quo-
rum pietates non defuerunt ; cum semine eorum
permanent bona*[1].

(1) Eccli. c. 44, v. 10, 11.

Mais ce n'est pas tout, mes freres : l'exemple rend vos vertus un bien public, et c'est là leur premier caractere; mais l'autorité, qui en est le second, acheve et soutient les biens infinis que vos exemples ont commencés : et quand je dis l'autorité, mes freres, que ne puis-je développer ici tout ce que cette idée me découvre d'immense dans les suites fécondes de la piété des grands et des puissants !

Premièrement, la protection de la vertu. La vertu timide est souvent opprimée, parcequ'elle manque ou de hardiesse pour se montrer, ou de protection pour se défendre; la vertu obscure est souvent méprisée, parceque rien ne la releve aux yeux des sens, et que le monde est ravi de pouvoir faire un crime à la piété de l'obscurité de ceux qui la pratiquent. Mais dès que vous en prenez vous-mêmes le parti, mes freres, ah! la vertu ne manque plus de protection ; vous devenez les interpretes des gens de bien auprès du prince, déja si favorable lui-même à la piété, et les canaux par lesquels ils trouvent tous les jours accès auprès du trône ; vous mettez en place des hommes justes qui deviennent des exemples publics ; vous produisez des serviteurs de Dieu, des hommes pleins de lumieres, de science et de vertu, qui se-

roient demeurés dans la poussiere, et qui, à la faveur de votre nom et de votre appui, paroissent
dans le public, mettent en œuvre leurs talents,
enrichissent quelquefois l'Église d'ouvrages saints
et chrétiens, contribuent à l'édification des fideles, à l'instruction des peuples, à la consommation des saints; apprennent les regles de la vertu
à ceux qui les ignorent, les apprendront à nos
neveux, et feront passer dans tous les siecles suivants, avec les monuments pieux de leur zele, les
fruits immortels de la protection dont vous avez
honoré la vertu, et de votre amour pour les justes.

Que dirai-je, mes freres? vous soutenez le zele
des gens de bien dans les entreprises saintes, et
votre protection les anime et leur fait surmonter
tous les obstacles dont le démon traverse toujours les œuvres qui doivent glorifier Dieu et
contribuer au salut des ames. Que d'établissements utiles aujourd'hui, et qui sont une source
de bénédiction dans l'Église, n'ont dû autrefois
leur naissance qu'au crédit d'une seule personne
élevée, à qui Dieu avoit mis dans le cœur de protéger une œuvre dont il devoit tirer un jour tant
de gloire! Que de pieux desseins et avantageux à
l'Église exécutés auroient échoué, si l'autorité
d'un juste en place et élevé dans l'Église n'eût

applani toutes les voies qui sembloient en rendre l'exécution impossible! Que de saints ministres de Jésus-Christ, soutenus dans leurs fonctions, auroient cédé aux contradictions et privé par leur retraite les peuples de leurs instructions et de leurs exemples, si leur vertu n'eût trouvé dans la piété des grands et des puissants une protection qui assuroit la paix à leur troupeau et l'autorité à leur ministere!

Que dirai-je encore, mes freres? vous rendez par vos exemples la vertu respectable à ceux qui ne l'aiment pas; et ce n'est plus une honte d'être chrétien, dès que par là on vous ressemble; vous ôtez à l'impiété cet air de confiance et d'ostentation avec lequel elle ose tous les jours paroître, et le libertinage n'est plus un bon air dès que votre conduite l'improuve; vous maintenez parmi les peuples la religion de nos peres, vous conservez la foi aux siecles qui nous suivront; et souvent il ne faut qu'un grand dans un royaume, ferme dans la foi, pour arrêter les progrès de l'erreur et des nouveautés, et conserver à tout un état la foi de ses ancêtres. La seule Esther conserva le peuple et la loi de Dieu dans un grand empire; le seul Mathathias tint bon contre les autels étrangers, et empêcha les superstitions de prévaloir au milieu de Juda; et la France ne doit les lumieres de l'évangile et la connoissance de Jésus-Christ qu'à la piété d'une sainte princesse qui conquit à la foi, avec le cœur d'un époux infidele, un royaume qui depuis en a toujours été le plus ferme appui et la portion la plus pure et la plus florissante. Oh! mes freres, que vous êtes grands quand vous êtes à Jésus-Christ! et que votre naissance et votre élévation paroissent avec bien plus d'éclat et de dignité dans les fruits immenses de votre piété que dans le faste de vos passions et tout le vain attirail des magnificences humaines!

Secondement, les récompenses de la vertu. Vous la mettez en honneur en lui donnant, dans le choix des places qui dépendent de vous, les préférences qui lui sont dues, et ne confiant les emplois qu'à ceux dont la piété mérite la confiance publique; en ne comptant sur la fidélité des subalternes qu'autant qu'ils sont fideles à Dieu, et recherchant principalement dans les hommes la droiture de la conscience et l'innocence des mœurs, sans quoi tous les autres talents ne forment plus qu'un mérite équivoque qui devient ou nuisible ou inutile.

Et de là, mes freres, quel nouveau bien pour

le public! quel bonheur pour un royaume où les gens de bien occupent les premieres places, où les emplois sont les récompenses de la vertu, où les affaires publiques ne sont confiées qu'à ceux qui cherchent plus les intérêts publics que leurs intérêts propres, et qui ne comptent pour rien le gain du monde entier s'ils venoient à perdre leur ame!

Quel avantage pour les peuples lorsqu'ils trouvent leurs peres dans leurs juges, les protecteurs de leurs foiblesses dans les arbitres de leur destinée, les consolateurs de leurs peines dans les interpretes de leurs intérêts! Que d'abus prévenus, que de larmes essuyées, que d'injustices évitées, quelle paix dans les familles, quelle consolation pour les malheureux, quel honneur même pour la vertu, lorsque les peuples sont ravis de la voir en place, et que le monde lui-même, tout monde qu'il est, est pourtant bien aise d'avoir des gens de bien pour défenseurs et pour juges! Quel attrait pour la vertu, lorsqu'on voit qu'elle est devenue le chemin des graces, et qu'outre les promesses du siecle à venir elle a encore pour elle les récompenses de la terre! *Promissionem habens vitæ quæ nunc est, et futuræ*[1].

(1) I Tim. c. 4, v. 8.

Et ne dites pas, mes freres, qu'en récompen-
sant la vertu on ne corrige pas les pécheurs, et
qu'on multiplie seulement les hypocrites. Je sais
jusqu'où l'amour de l'élévation peut pousser les
hommes, et quels abus ils sont capables de faire
de la religion pour arriver à leurs fins; mais du
moins vous obligez le vice de se cacher, du moins
vous lui ôtez l'éclat et la sécurité qui le répand et
le communique, vous conservez du moins l'extérieur de la religion parmi les peuples, vous multipliez du moins les exemples de la piété parmi
les fideles; et s'il n'y a pas moins de déréglement,
les scandales du moins sont plus rares.

Enfin, les saintes largesses de la vertu. Mais je
sens que mon sujet m'entraîne, et il est temps de
finir. Oui, mes freres, que de nouveaux biens encore pour les peuples dans l'usage chrétien et cha-
ritable de vos richesses! Vous mettez l'innocence
à couvert, vous préparez des asyles de pénitence
aux crimes, vous rendez la vertu aimable aux
malheureux par les ressources qu'ils trouvent
dans la vôtre; vous assurez aux maris la fidélité
de leurs épouses, aux peres le salut de leurs enfants, aux pasteurs la sûreté de leurs brebis, la
paix aux familles, la consolation aux affligés, l'innocence à la veuve délaissée, un secours à l'or-

phelin, le bon ordre au public, à tous l'appui de
leur vertu ou le remede de leurs vices.

Et ici, mes freres, comprenez, si vous pouvez,
les fruits immenses de votre vertu et les avantages
inexplicables qu'en retire l'Église. Que de scandales évités, que de crimes prévenus, que de
maux publics arrêtés, que de foibles conservés,
que de justes affermis, que de pécheurs rappellés,
que d'ames retirées du précipice! Que vous con-
tribuez, mes freres, quand vous servez Dieu, à la
gloire de l'Église, à l'agrandissement du royaume
de Jésus-Christ, à l'honneur de la religion, à la
consommation des saints, au salut de tous les
fideles! Qu'il se trouvera un jour d'élus dans le
ciel de toute langue et de toute tribu, qui met-
tront à vos pieds leur couronne d'immortalité,
comme pour confesser publiquement qu'ils vous
en sont redevables! Quelle consolation pour vous
de pouvoir vous dire à vous-mêmes qu'en servant
Dieu vous lui attirez des serviteurs, et que votre
piété devient une source de bénédictions pour
les peuples! Non, mes freres, s'il y a quelque
chose de flatteur dans l'élévation, ah! ce n'est
pas les vaines distinctions que l'usage y attache,
c'est d'y pouvoir devenir, en servant Dieu, la
source des biens publics, le soutien de la reli-

gion, la consolation de l'Église, et les principaux instruments dont Dieu se sert pour l'accomplissement de ses desseins de miséricorde sur les hommes.

Que vous perdez donc, mes freres, en ne vivant pas selon Dieu! que l'Église perd en vous perdant! que nous perdons nous-mêmes lorsque vous nous manquez! de combien d'avantages privez-vous les fideles! quelles consolations vous ôtez-vous à vous-mêmes! Quelle joie dans le ciel pour la conversion d'un seul pécheur élevé dans le siecle! Que vous êtes coupables, mes freres, quand vous ne vivez pas selon Dieu! Vous ne pouvez ni vous perdre ni vous sauver tout seuls; vous ressemblez ou à ce dragon de l'Apocalypse, qui, en tombant du ciel où il étoit élevé, entraîne par sa chûte la plupart des étoiles dans l'abyme, ou à ce serpent mystérieux dont parle Jésus-Christ, qui, étant élevé sur la terre, attire heureusement tout après lui: vous êtes établis pour la perte ou pour le salut de plusieurs, des plaies ou des ressources publiques. Puissiez-vous, mes freres, connoître vos véritables intérêts, sentir ce que vous êtes dans les desseins de Dieu, ce que vous pouvez pour sa gloire, ce qu'il attend de vous, ce qu'en attend l'Église, ce que nous en attendons nous-mêmes! Ah! vous avez une si grande idée de votre rang et de vos places par rapport au monde!

Mais, mes freres, permettez-moi de vous le dire, vous n'en connoissez pas encore toute la grandeur, vous ne voyez qu'à demi ce que vous êtes, vous êtes encore bien plus grands par rapport à la piété, et les privileges de votre vertu sont bien plus brillants et plus singuliers que ceux de vos titres. Puissiez-vous, mes freres, remplir toute votre destinée! Et vous, ô mon Dieu! touchez, durant ces jours de salut, par la force de la vérité que vous mettez dans nos bouches, les grands et les puissants; attirez à vous des cœurs dont la conquête vous assure celle du reste des fideles; ayez pitié de vos peuples en sanctifiant ceux que votre providence a mis à leur tête; sauvez Israël en sauvant ceux qui le régissent; donnez à votre Église de grands exemples qui perpétuent la vertu d'âge en âge, et qui aident jusqu'à la fin à former cette assemblée immortelle de justes qui vous bénira dans tous les siecles. Ainsi soit-il.

DISCOURS

PRONONCÉ

A UNE BÉNÉDICTION DES DRAPEAUX

DU RÉGIMENT DE CATINAT.

DISCOURS

PRONONCÉ

A UNE BÉNÉDICTION DES DRAPEAUX

DU RÉGIMENT DE CATINAT.

———

Posuerunt signa sua, signa; et non cognoverunt sicut in exitu super summum.

Ils ont mis leurs drapeaux dans le temple comme un présage de leur victoire; et ils n'ont pas connu quelle étoit la fin de cette pieuse solemnité. (Ps. 73, v. 4, 5.)

Ce n'est pas pour vous rappeller ici des idées de feu et de sang, et, par le souvenir de vos victoires passées, vous animer à de nouvelles, que je viens dans le sanctuaire de la paix mêler un discours évangélique à une cérémonie sainte. La parole dont j'ai l'honneur d'être le ministre est une parole de réconciliation et de vie, destinée à réunir les Grecs et les Barbares; à faire habiter ensemble, selon l'expression d'un prophete, les lions, les aigles et les agneaux; à rassembler sous un même chef toute langue, toute tribu et toute nation; à

calmer les passions des princes et des peuples,
confondre leurs intérêts, anéantir leurs jalousies,
borner leur ambition, inspirer les mêmes desirs à
ceux qui doivent avoir la même espérance; et si
elle propose quelquefois des guerres et des combats, ce sont des guerres qui se terminent toutes
dans le cœur, et des combats de la grace.

D'ailleurs je me souviens que je parle sous
l'autel même de l'agneau qui est venu pacifier le
ciel et la terre; dans un temple consacré au chef
d'une légion sainte qui sut préférer le culte de
Jésus-Christ à celui des statues de l'empereur, et
laisser fièrement les aigles de l'empire pour suivre
l'étendard de la croix; et enfin, que je parle à une
troupe illustre qui ne connoît les périls que pour
les affronter, que mille actions distinguent plus
que le nom du fameux général qu'elle a l'honneur d'avoir à sa tête, et le mérite de celui qui la
commande; et qui attend plutôt de moi des leçons de piété que de valeur, et des avis pour faire
la guerre saintement, que des exhortations pour
la bien faire.

Souffrez donc, messieurs, que laissant là le
corps, pour ainsi dire, et les dehors de cette cérémonie, je vous en développe l'esprit; que, sans
approfondir ce qu'elle a d'antique et de curieux,

je m'arrête à ce qu'elle peut avoir d'utile; et que, loin de vous entretenir de la gloire des armes et du cas que tous les peuples en ont toujours fait, je vous parle des périls de cet état et des moyens d'y acquérir une gloire immortelle et solide.

Pourquoi croyez-vous en effet que les nations les plus barbares aient toutes eu une espece de religion militaire, et que le culte se soit toujours trouvé mêlé parmi les armes? Pourquoi croyez-vous que les Romains fussent si jaloux de mettre leurs aigles et leurs dieux à la tête de leurs légions, et que les autres peuples affectassent de prendre ce qu'il y avoit de plus sacré dans leurs superstitions et en traçassent les figures et les symboles sur leurs étendards, sinon pour empêcher que le tumulte et l'agitation des guerres ne fît oublier ce qu'on doit aux dieux qui y président, et afin qu'à force de les avoir sans cesse devant les yeux on fût comme dans une heureuse impuissance de les perdre de vue? Pourquoi croyez-vous que les Israélites, dans leurs marches et dans leurs combats, fussent toujours précédés du serpent d'airain; que Constantin, devenu la conquête de la croix, fît élever ce signal de toutes les nations au milieu de ses armées; que nos rois, dans leurs entreprises contre les infideles, allas-

37

sent recevoir l'étendard sacré au pied des autels ; et qu'enfin encore aujourd'hui l'Église consacre par des prieres de paix et de charité ces signes déplorables de la guerre et de la dissension : sinon pour vous faire souvenir que la guerre même est une maniere de culte religieux ; que c'est le Dieu des armées qui préside aux victoires et aux batailles ; que les conquérants ne sont bien souvent entre ses mains que des instruments de colere dont il se sert pour châtier les péchés des peuples ; qu'il n'est point de véritable valeur que celle qui prend sa source dans la religion et dans la piété ; et qu'après tout les guerres et les révolutions des états ne sont que des jeux aux yeux de Dieu, et un changement de scene dans l'univers ; que lui seul ne change point, et seul a de quoi fixer les agitations et les desirs insatiables du cœur humain ?

Il est vrai, messieurs, que la piété, si pénible même dans les cloîtres où tout l'inspire, si rare dans le siecle où les devoirs communs de la religion la soutiennent, trouve, dans les dissipations et la licence des armes, des obstacles et des écueils où les plus belles espérances de l'éducation, les plus heureux présages du naturel, les plus tendres précautions de la grace, viennent tous les jours tristement échouer.

C'est là qu'on voit quelquefois le peuple de Dieu, sous les yeux mêmes d'un Josué, d'un général sage et religieux, donner dans tous les excès et les crimes des nations. C'est là que des chrétiens mettent tous les jours leur gloire dans leur confusion, et se font un mérite de leur ignominie. C'est là que l'impiété est un bon air; la foi, une foiblesse; la religion, un songe; les vérités du salut, le partage des ames oiseuses; les terreurs de l'éternité, une vaine frayeur; et la sainteté de nos mysteres, souvent l'assaisonnement des débauches. C'est là que le Dieu que nous adorons n'est nommé que pour être insulté; que le crime est une bienséance; la volupté, un mérite; la fureur, une distinction. C'est là que ceux que la politesse, le rang ou l'intérêt même, sous un prince qui ne compte pour rien la valeur lorsqu'elle est toute seule, éloignent de ces excès, bornent toute leur régularité à l'ambition, la gloire et la vengeance, et ne se relâchent, ce semble, sur les autres passions, que pour être plus vifs sur celles-ci. C'est là que les plus sages sont ceux qui ne sont occupés que de leur fortune et de leur avancement; qui sacrifient tout, bien, repos, conscience, à leur gloire; qui, insensibles sur la félicité des saints et sur les biens solides de l'éternité, ne sont occupés qu'à saisir un fantôme qui leur échappe avant qu'ils le tiennent, et à se ménager des établissements qui sont fondés sur le sable et dans une cité qui n'est pas permanente. C'est là, en un mot, que Dieu n'est pas plus connu qu'au milieu des peuples infideles, et que la plus haute vertu n'est pas de n'avoir point de passion, mais de n'en avoir que de nobles et de brillantes.

Sont-ce là, ô mon Dieu, des hommes armés pour votre querelle et pour la défense de vos autels? Vous, qui ne voulez pas que le pécheur raconte vos justices et devienne le protecteur de votre alliance, pourriez-vous confier à des bras sacrileges le soin de rétablir votre culte et la majesté de vos temples? Et qu'importe que vous soyez déshonoré par les crimes des fideles ou par l'infidélité de vos ennemis? Qu'importe que votre royaume s'agrandisse, si vous ne devez pas régner sur les cœurs? Qu'importe que les dispersions d'Israël se rassemblent, si les tribus restées à Jérusalem surpassent même les profanations des sujets de Jéroboam?

Ceux qui vivent dans la tranquillité des villes et loin des dangers de la guerre, peuvent se calmer sur les désordres de leur vie par l'espoir d'une vieillesse plus réguliere et d'une mort chrétienne.

Et en effet, messieurs, le loisir que l'âge ou une lente infirmité laissent aux réflexions; le long usage des plaisirs et le dégoût ou les désagréments qui les suivent; l'expérience du monde et de ses inutilités, dont un bon esprit même se lasse et revient tôt ou tard; les perfidies et les supercheries du commerce, qui toutes seules sont capables de dégoûter une ame bien faite et lui faire prendre le parti de la retraite et de la piété; tout cela aide les opérations de la grace dans le cœur des mondains, leur fait faire tous les jours mille projets éloignés de conversion, les arrache peu à peu à leurs foiblesses, et quelquefois fait que, fatigués du monde, ils se donnent à Jésus-Christ.

Je sais que cette espérance des pécheurs périt souvent; que se flatter d'une conversion tardive, c'est insulter à la grace et à la justice d'un Dieu vengeur; que renvoyer à des années de langueur et d'infirmité l'affaire du salut, c'est la manquer; qu'on ne recueille pendant l'hiver que ce qu'on a semé durant les jours de l'été; que notre Dieu n'est pas un Dieu de tous les jours; que, négligé, il néglige à son tour; et que la vertu qui vient si tard n'est d'ordinaire qu'une impuissance du vice, une régularité de l'âge plutôt que du cœur, et une bienséance qu'on doit au monde autant qu'à Jésus-Christ. Cependant la religion ne veut pas qu'on désespere ; et plus d'une fois, ô mon Dieu, vous avez appellé des ouvriers à la onzieme heure du jour, et guéri des paralytiques de trente ans, peut-être pour prévenir par ces prodiges le désespoir des vrais pénitents, et peut-être aussi pour amuser la fausse confiance des pécheurs.

Mais pour vous, messieurs, qui, au milieu des périls et des fureurs de la guerre, pouvez tous les jours dire comme David, que vous n'êtes séparés que d'un seul degré de la mort, *uno tantùm gradu ego morsque dividimur*[1] ; vous qui ne devez compter sur la vie que comme sur un trésor que vous tenez exposé sur un grand chemin ; qui touchez tous les moments à l'éternité, et qui ne tenez au monde et à ses plaisirs que par le plus foible de tous les liens : ah ! qu'est-ce qui peut vous rassurer lorsque vous vous livrez à des passions d'ignominie ? et de quel espoir pouvez-vous vous amuser vous-mêmes ? Est-ce ces moments que vous accordez à la religion sur le point d'un combat, qui flattent votre espérance ? Est-ce la priere et les bénédictions d'un ministre ? Mais vous, qui êtes de bonne foi, quelle est alors, je vous prie, la situation de votre cœur ? Vous est-il jamais arrivé

(1) I Reg. c. 20, v. 3.

de repasser, en pareille occasion, dans l'amertume de votre cœur, toutes les années de votre vie? Avez-vous jamais pensé, dans ces circonstances, à offrir au Seigneur un cœur contrit et humilié, et à invoquer ses miséricordes sur les miseres de votre ame? La gloire, le devoir, le péril, vous ne voyez que cela. Les retours sur la conscience sont alors moins de saison que jamais; on éloigne même ces pensées, comme dangereuses à la valeur: on redouble les plaisirs et les excès pour faire diversion et s'empêcher soi-même de s'en occuper; et l'on passe, hélas! presque toujours du crime et de la débauche à la mort. Horrible destinée, ô mon Dieu! et si commune cependant aux personnes à qui je parle! Vous le savez, mes freres; et mille fois dans la fureur des combats vous avez vu disparoître en un instant les compagnons de vos excès; vous les avez vus ne mettre presque qu'un intervalle entre une impiété et le dernier soupir, et un coup fatal venir les enlever à vos côtés dans le temps même peut-être qu'ils faisoient encore avec vous des projets de crime.

Et pourquoi leur infortune ne vous ébranleroit-elle pas? Pourquoi ne vous instruiriez-vous pas dans le malheur de leur surprise? Est-ce parceque ces exemples sont trop fréquents que vous n'en êtes plus frappés? c'est-à-dire que vous vous rassurez à mesure que le péril augmente. Pourquoi ne vous laisseriez-vous pas toucher à la bonté et à la longanimité de votre Dieu, qui ne vous a sauvés de tant de périls et conservés jusqu'à présent que pour vous ménager plus de loisir de vous convertir à lui? Pourquoi changeriez-vous ses desseins de miséricorde en des desseins de colere, et emploieriez-vous des jours qu'il n'a prolongés que pour votre salut, à prolonger le cours de vos iniquités?

Eh! si, dans cette action où vous ne dûtes votre délivrance qu'à un prodige et dont vous-même crûtes ne jamais sortir, le glaive de la mort vous eût frappé, quelle eût été, mon frere, votre destinée? quelle ame auriez-vous présentée au tribunal de Jésus-Christ? quel monstre d'ordures, de blasphêmes, de vengeances! N'êtes-vous pas effrayé de vous représenter alors sous le foudre d'un Dieu vengeur, tremblant devant sa face, et les abymes éternels ouverts à vos pieds? Sa main toute-puissante vous délivra; il vous couvrit de son bouclier; son ange détourna lui-même les coups qui, en décidant de votre vie, auroient décidé de votre éternité: et quel usage en avez-vous fait depuis? quelle reconnoissance envers votre libérateur? quel hommage lui avez-vous fait d'un corps que vous tenez doublement de lui? Vous l'avez fait servir à l'iniquité; et d'un membre de Jésus-Christ vous en avez fait un instrument de honte et d'infamie. Ah! vous avez bien su mettre le danger que vous courûtes alors à profit pour votre fortune; mais avez-vous su le mettre à profit pour votre salut? vous l'avez fait valoir auprès du prince; mais en a-t-il été question auprès de Dieu? vous en êtes monté d'un degré dans le service; et vous voilà toujours le même dans la milice de Jésus-Christ. Craignez, craignez que ce moment fatal ne revienne, que le Seigneur ne vous livre enfin à votre propre destinée, qu'il ne vous traite comme l'impie Achab, et qu'un coup parti de sa main invisible n'aille, à la premiere occasion, terminer enfin vos iniquités et commencer ses vengeances.

Que votre sort est à plaindre, messieurs! La voie des armes, où les engagements de la naissance et le service du prince vous appellent, est, à la vérité, brillante aux yeux des sens, c'est le seul chemin de la gloire, c'est le seul poste digne d'un homme qui porte un nom; mais, en matiere de salut, de toutes les voies c'est la plus terrible. Voilà les périls, voici les moyens de les éviter.

Car enfin le bras de Dieu n'est pas raccourci; le salut n'est nulle part impossible; le torrent n'entraîne que ceux qui veulent bien s'y prêter; le Seigneur a ses élus par-tout; et les mêmes dangers qui sont des écueils pour les réprouvés, deviennent des occasions de mérite aux justes.

Et, pour entrer ici dans un détail qui vous le fasse sentir, quels sont, dites-moi, dans votre état, les écueils que la grace ne puisse vous faire éviter? quels sont les maux qui n'aient en même temps leurs remedes?

Je sais que l'ambition est comme inévitable à un homme de guerre; que l'Évangile, qui fait un vice de cette passion, ne sauroit prévaloir contre l'usage qui l'a érigée en vertu; et qu'en fait de mérite militaire, qui ne sent pas ces nobles mouvements qui nous font aspirer aux grands postes, ne sent pas aussi ceux qui nous font oser de grandes actions. Mais, outre que le desir de voir vos services récompensés, s'il est modéré, si seul il n'absorbe pas le cœur tout entier, s'il ne vous porte pas à vous frayer des routes d'iniquité pour parvenir à vos fins et établir votre fortune sur les ruines de celle d'autrui; outre, dis-je, que ce desir, environné de toutes ces précautions, n'a rien dont la morale chrétienne puisse être bles-

sée, qu'a-t-il, en vous offrant les espérances humaines, de si séduisant qu'il puisse l'emporter
sur l'espoir des chrétiens et les promesses de la
foi? Des postes, des honneurs, des distinctions,
un nom dans l'univers? Mais quelle foule de concurrents faut-il percer pour en venir là! que de
circonstances faut-il assortir, qui ne se trouvent
presque jamais ensemble! Et d'ailleurs est-ce le
mérite qui décide toujours de la fortune? Le
prince est éclairé, je le sais; mais peut-il tout voir
de ses yeux? Combien de vertus obscures et né-
gligées! combien de services oubliés ou dissimu-
lés! et, d'autre part, combien de favoris de la fortune, sortis tout-à-coup du néant, vont de plain-
pied saisir les premiers postes! et de là quelle
source de désagréments et de dégoûts! On se
voit passer sur le corps par des subalternes, gens
qu'on a vus naître dans le service, et qui n'en savent pas encore assez même pour obéir, tandis
qu'on se sent soi-même sur le penchant de l'âge,
et qu'on ne rapporte de ses longs services qu'un
corps usé, des affaires domestiques désespérées,
et la gloire d'avoir toujours fait la guerre à ses
frais. Eh! qu'entend-on autre chose parmi vous,
que des réflexions sur l'abus des prétentions et
des espérances? Vous-mêmes, qui m'écoutez,

quelle est là-dessus votre situation? Et cependant on sacrifie l'éternité à des chimeres; on se flatte toujours qu'on sera du nombre des heureux; et on ne s'apperçoit pas que la providence ne semble laisser au hasard et au caprice des hommes le partage des postes et des emplois que pour nous faire regarder avec des yeux chrétiens les titres et les honneurs, et nous faire rapporter au roi du ciel, aux yeux de qui rien n'échappe et qui nous tiendra compte de nos plus petits soins, des services que nous rendons aux rois de la terre, qui souvent on ne peuvent les voir ou ne sauroient les récompenser.

Mais quand même votre bonheur répondroit à vos espérances; quand même les douces erreurs et les songes sur lesquels votre esprit s'endort deviendroient un jour des réalités; quand même, par un de ces coups du hasard qui entrent toujours pour beaucoup dans la fortune des armes, vous vous verriez élevés à des postes auxquels vous n'oseriez même aspirer, et que vous n'auriez plus rien à souhaiter du côté des prétentions humaines: que sont les félicités d'ici bas? et quelle est leur fragilité et leur rapide durée! Que nous reste-t-il de ces grands noms qui ont autrefois joué un rôle si brillant dans l'univers? ils ont

paru un seul instant, et disparu pour toujours aux
yeux des hommes. On sait ce qu'ils ont été pendant ce petit intervalle qu'à duré leur éclat ; mais
qui sait ce qu'ils sont dans la région éternelle des
morts? Les chimeres de la gloire et de l'immortalité ne sont là d'aucun secours : le Dieu vengeur, qui du haut de son tribunal pese leurs actions et discerne leur mérite, n'en juge pas sur ce
que nous disons et sur ce que nous pensons d'eux
ici-bas ; et tous ces grands traits, qui font tant
d'honneur à leur mémoire et qui enrichissent nos
annales, sont peut-être les principaux chefs de
leur condamnation, et les traits les plus honteux
de leur ame aux yeux de Dieu.

Hélas ! messieurs, que sont les hommes sur la
terre? des personnages de théâtre. Tout y roule
sur le faux ; ce n'est par-tout que représentations ;
et tout ce qu'on y voit de plus pompeux et de
mieux établi n'est l'affaire que d'une scene. Qui
ne le dit tous les jours dans le siecle? Une fatale
révolution, une rapidité que rien n'arrête, entraine tout dans les abymes de l'éternité : les siecles, les générations, les empires, tout va se perdre dans ce gouffre ; tout y entre, et rien n'en sort.
Nos ancêtres nous en ont frayé le chemin, et nous
allons le frayer dans un moment à ceux qui vien-

nent après nous. Ainsi les âges se renouvellent ; ainsi la figure du monde change sans cesse ; ainsi les morts et les vivants se succedent et se remplacent continuellement. Rien ne demeure, tout s'use, tout s'éteint. Dieu seul est toujours le même, et ses années ne finissent point. Le torrent des âges et des siecles coule devant ses yeux ; et il voit avec un air de vengeance et de fureur de foibles mortels, dans le temps même qu'ils sont entraînés par le cours fatal, l'insulter en passant, profiter de ce seul moment pour déshonorer son nom, et tomber au sortir de là entre les mains éternelles de sa colere et de sa justice.

Eh ! faisons après cela des projets de fortune et d'élévation : nourrissons notre cœur de mille espérances flatteuses : prenons à grands frais des mesures infinies pour nous ménager un instant de bonheur ; et ne faisons jamais une seule démarche pour atteindre à une félicité qui ne finit point. C'est une fureur dont on ne croiroit pas l'homme capable, si l'expérience de tous les jours n'y étoit.

Et d'ailleurs cet instant même de bonheur est-il tranquille ? Les soupçons, les jalousies, les craintes, les agitations éternelles et inévitables aux grands emplois, le sort journalier des armes,

la faveur des concurrents, la fatigue des ménagements et des intrigues, les caprices de ceux de
qui on dépend, et tant de revers à essuyer, le vuide
même des prospérités temporelles qui, de loin,
piquent et attirent le cœur, mais qui, touchées de
près, ne peuvent ni le fixer ni le satisfaire; est-il
de félicité que tout cela ne trouble et n'altere? et
ceux que vous regardez comme les heureux du
siecle, sont-ils toujours tels à leurs propres yeux?
Ô Seigneur, à qui seul appartient la gloire et la
grandeur, l'homme ne comprendra-t-il jamais
qu'il n'est point pour lui de félicité durable et
tranquille hors de vous; que tout ce qui plaît ici-
bas peut amuser le cœur, mais ne sauroit le satisfaire; que la gloire et les plaisirs ne piquent
presque que dans le moment qui les précede;
que les inquiétudes et les dégoûts qui les suivent
sont des voix secretes qui nous appellent à vous;
et que quand même on pourroit se promettre
une fortune paisible, ce ne seroit qu'une vapeur
dont un instant décide, et qu'on voit naître, s'é-
paissir, monter, s'étendre, s'évanouir dans un moment?

Et ce qu'il y a ici de plus déplorable pour vous,
messieurs, c'est que dans une vie rude et pénible,
dans des emplois dont les devoirs passent quel-

quefois la rigueur et les travaux des cloîtres les
plus austeres, vous souffrez toujours en vain pour
l'autre vie, et très souvent pour celle-ci. Ah! du
moins le solitaire dans sa retraite, obligé de mor-
tifier sa chair et de la soumettre à l'esprit, est sou-
tenu par l'espoir d'une récompense assurée et par
l'onction secrete de la grace qui adoucit le joug
du Seigneur. Mais vous, au lit de la mort, oserez-
vous présenter à Jésus-Christ vos fatigues et les
désagréments journaliers de votre emploi? ose-
rez-vous le solliciter d'une récompense? Et qu'a-
t-il dû mettre sur son compte dans toutes les vio-
lences que vous vous êtes faites? Cependant les
plus beaux jours de votre vie vous les avez sacrifiés à votre profession : dix ans de services ont
plus usé votre corps qu'une vie entiere de pénitence. Eh! mon frere, un seul jour de ces souffrances consacré au Seigneur vous auroit peut-
être valu un bonheur éternel; une seule action
pénible à la nature et offerte à Jésus-Christ vous
auroit peut-être assuré l'héritage des saints : et
vous en avez tant fait en vain pour le monde!

Ah! la mollesse et l'inutilité damnerout ceux
qui habitent les villes : mais pour vous, messieurs,
ce sera le méchant usage que vous faites de vos
peines et de vos fatigues. Eh quoi! vous prenez

sur votre repos, sur vos plaisirs, sur vos besoins
mêmes, quand il s'agit de votre devoir : eh ! voilà
le plus difficile fait ; ce qui vous reste à faire pour
le salut ne coûte plus rien. Soutenez ces travaux
avec une foi chrétienne ; offrez-les au Dieu juste
comme le prix de vos iniquités ; et puisqu'il faut
les souffrir, ne les souffrez pas sans mérite. Si le
prince vous manque, Dieu du moins ne vous
manquera pas : c'est une ressource que vous vous
assurez dans la mauvaise fortune. Vos services ne
seront, comme cela, jamais perdus ; et les fruits
de la guerre seront pour vous des fruits de paix
et d'éternité. Mais encore une fois vous souffrez
tout ce qu'il faut souffrir pour le salut, et vous ne
savez pas vous en faire honneur auprès du Père
céleste.

C'est ainsi, Seigneur, que votre loi se justifie
devant les hommes, que vous paroissez vous-
même juste dans vos jugements, et qu'au jour
terrible de vos vengeances vous vous servirez de
la vie rude et laborieuse d'un homme de guerre
pour confondre la lâcheté du mondain et ses ex-
cuses sur la difficulté de vos préceptes ; et que,
d'autre part, l'amour du mondain pour les plaisirs condamnera le peu d'usage que l'homme de
guerre a fait de ses souffrances. Voilà donc, mes-

sieurs, comme l'ambition peut devenir elle-même une ressource de grace.

Mais cette réputation de valeur si essentielle à votre état, comment l'ajuster, me direz-vous, avec la douceur et l'humilité chrétienne? Mais qu'est-ce que la valeur, messieurs? est-ce une fierté de tempérament, un caprice de cœur, une fougue qui ne soit que dans le sang, une avidité mal entendue de gloire, un emportement de mauvais goût, une petitesse d'esprit qui se fait des dangers de gaieté de cœur seulement pour avoir la gloire d'en être sorti? Quel siecle fut jamais plus corrigé là-dessus que le nôtre? Quel est le goût des honnêtes gens sur ce qui fait la véritable valeur? La sagesse, la circonspection, la maturité, n'y entrent-elles pour rien? Quel a été le caractere des grands hommes que vous avez vus dans ce siecle à la tête de nos armées, et dont les noms vous sont encore si chers? Les Turenne, les Condé, les Créqui, par quelle voie sont-ils montés à ce dernier point de gloire et de réputation au-delà duquel il est défendu de prétendre? Le sage et vaillant général à qui cette province doit sa sûreté, et le reste du royaume sa paix et son abondance, lui dont vous recevez les ordres de plus près comme de votre propre chef, et sous le nom et les étendards de

qui vous avez l'honneur de combattre, s'est-il frayé
un chemin à l'élévation où le choix du prince et
le bonheur de l'état l'ont placé, par une valeur in-
discrete? et la sagesse, qui est comme née avec
lui, a-t-elle jamais rien gâté ou à son mérite ou à
sa fortune?

Mais c'est que nous nous faisons de fausses
idées des choses. La valeur, lorsqu'elle n'est pas
à sa place, n'est plus une vertu; et cette noble ardeur qui, au milieu des combats, est générosité
et grandeur d'ame, n'est plus, hors de là, que rus-
ticité, jeunesse de cœur, ou défaut d'esprit. Mais
quelle idée, me direz-vous encore, a-t-on, dans
les troupes, d'un homme qui passe pour avoir
quelque commerce avec la dévotion? Eh quoi!
Seigneur, il y auroit donc de la gloire à servir les
rois de la terre; et ce seroit bassesse et lâcheté
que de vous être fidele! Et qu'y avoit-il autrefois
dans les armées des empereurs païens de plus in-
trépide dans les périls que les soldats chrétiens?
Cependant, messieurs, c'étoient des gens qui,
au milieu de la licence des troupes, avoient leurs
heures marquées pour la priere, passoient quelquefois les nuits à bénir tous ensemble le Seigneur, et qui, au sortir d'une action, savoient
fort bien courir à l'échafaud et y répandre sans

murmure leur sang pour la défense de la foi.

Il est vrai qu'on ne doit pas exiger de vous cette piété craintive et tendre, ni toute l'attention et la ferveur des personnes retirées, qui, libres de tout engagement avec le monde, ne s'occupent que du soin des choses du Seigneur. Mais cette droiture d'ame, ce noble respect pour votre Dieu, ce fonds solide de foi et de religion, cette exactitude de si bon goût aux devoirs essentiels du christianisme, cette probité inaltérable et si chere à l'estime des honnêtes gens, cette supériorité d'esprit et de cœur qui fait mépriser la licence et les excès comme peu dignes même de la raison; qui peut vous dispenser de l'avoir? et au jugement de qui est-il honteux d'en être accusé?

Croyez-moi, messieurs, la religion rassure l'ame, bien loin de l'amollir : on craint bien moins la mort quand on est tranquille sur les suites. Une conscience que rien n'alarme voit le péril de sang froid, et l'affronte courageusement dès que le devoir l'y appelle. Non, rien n'approche de la sainte fierté d'un cœur qui combat sous les yeux de Dieu, et qui, en vengeant la querelle du prince, honore le Seigneur, et respecte sa puissance dans celle de son souverain.

Et en effet, la piété est déja elle-même une

grandeur d'ame. Rien ne me paroît si héroïque, ni si digne du cœur, que cet empire qu'a l'homme de bien sur toutes ses passions. Quoi de plus grand que de le voir tenir, pour ainsi dire, sans cesse son ame entre ses mains, régler ses démarches, mesurer ses mouvements, ne se permettre rien d'indigne du cœur, maîtriser ses sens, les ramener au joug de la loi, arrêter la pente d'une nature toujours rapide vers le mal, étouffer mille desirs qui flattent, mille espérances qui amusent, tenir contre les séductions du commerce et la force des exemples, et, toujours maître de soi-même, ne souffrir à son cœur aucune bassesse capable de déshonorer un héritier du ciel? Ah! il faut n'être pas né médiocre pour cela. La grace a ses héros, qui ne doivent rien à ceux que les siecles passés ont admirés; et assurément celui qui sait vaincre ses ennemis domestiques, et qui, dès long-temps, s'est aguerri à mépriser tout ce que les sens offrent de plus cher, ne craindra pas les ennemis de l'état, et aura bien moins de peine à exposer avec intrépidité sa propre vie.

Et d'ailleurs, messieurs, parut-on jamais plus détrompé qu'on l'est dans ce siecle de cette vieille erreur qui faisoit consister le courage à mépriser sa religion et son Dieu? C'est là aujourd'hui le partage des malheureux. Les devoirs du christianisme entrent dans les bienséances du monde poli, et l'on donne au moins les dehors de la religion à l'usage.

Enfin, les Moïse, les Josué, les David, les Ézéchias, ont été de grands hommes de guerre et de grands saints, des héros du siecle et de la religion. Les siecles chrétiens ont eu leurs Constantius et leurs Théodoses, terribles à la tête de leurs armées, humbles et religieux au pied des autels. Nous vivons sous un prince qui, n'ayant plus rien à souhaiter du côté de la gloire, a cru que la piété devoit en être comme le dernier trait; qui, tous les jours, va humilier sous le joug de Jésus-Christ une tête chargée des marques de sa grandeur et de ses victoires; et qui, dans le temps que tout retentit de son nom et du bruit de ses conquêtes, sait répandre son ame devant le Seigneur, et gémir en secret sur le malheur des peuples et les tristes suites d'une guerre si glorieuse pour lui aux yeux de l'univers.

Répandez donc, ô Dieu des armées, sous un prince si religieux, des esprits de foi et de piété sur ces guerriers armés pour sa querelle. Bénissez vous-même ces étendards sacrés; laissez-y des traces de sainteté, qui, au milieu des batailles, aillent aider la foi des mourants, et réveiller l'ardeur de ceux qui combattent ; faites-en des signes assurés de la victoire : couvrez, couvrez de votre aile cette troupe illustre qui vous les offre dans ce temple ; détournez avec votre main tous les traits de l'ennemi ; servez-lui de bouclier dans les divers événements de la guerre ; environnez-la de votre force ; mettez à sa tête cet ange redoutable dont vous vous servîtes autrefois pour exterminer les Assyriens ; faites-la toujours précéder de la victoire et de la mort ; répandez sur ses ennemis des esprits de terreur et de vertige, et faites sentir sa valeur aux nations jalouses de notre gloire.

Mais non, Seigneur, pacifiez plutôt les empires et les royaumes ; appaisez les esprits des princes et des peuples ; laissez-vous toucher au pitoyable spectacle que les guerres offrent à vos yeux. Que les cris et les plaintes des peuples montent jusqu'à vous ; que la désolation des villes et des provinces aille attendrir votre clémence ; que le péril et la perte de tant d'ames désarment votre bras depuis si long-temps levé sur nous ; que tant de profanations que les armes traînent toujours après soi vous fassent enfin jeter des yeux de pitié sur votre Église. Écoutez les gémissements des justes, qui, touchés des calamités d'Israël, vous

disent tous les jours avec le prophete : Seigneur,
nous avons attendu la paix, et ce bien n'est pas
encore venu : nous croyions toucher au temps de
consolation, et voilà encore des troubles.

Ce sont nos iniquités, chrétiens, souffrez que
je vous le dise en finissant, qui ont attiré sur nous
ces fléaux du ciel. Les guerres, les maladies, les
autres calamités dont nous sommes frappés, sont
des marques sûres de la colere de Dieu sur nos
déréglements. En vain nous gémissons sur les
malheurs du temps et sur l'accablement de nos
familles. Eh ! gémissons sur nous-mêmes ; ap-
paisons le Seigneur par le changement de nos
mœurs ; rétablissons la paix de Jésus-Christ dans
nos cœurs ; calmons nos passions et nos ennemis
domestiques : et nous verrons bientôt l'Europe
calmée, les ennemis de la France appaisés, la paix
rétablie par-tout, et un repos éternel succéder à
celui d'ici-bas.   Ainsi soit-il.

F I N.